JN153187

जातक

ジャータカ物語

入澤 崇

Jātaka Tales

まえがき

仏教はひとりでに伝わりゆくものではありません。仏教が遠くインドから日本にまで伝わったのは、その過程において多くの人間のはたらきがあったからです。僧侶はもちろんのこと、為政者や富裕な商人、芸術家や建築家、そして一般民衆など、仏教に大きな価値を認めた人たちがいたればこそ、仏教は広まっていったのです。

古代社会にあっては、「語り」が重要な役割を果たしました。とりわけ古代インドは説話（物語）の宝庫でした。民間に流布していた伝承を仏教が巧みに取り込み、仏教独特の「語り」が成立していったのです。本書で取り上げるジャータカはその典型です。

釈尊（お釈迦さま）がこの世に生まれる以前の前世の物語、それがジャータカです。ジャータカはパーリ語で説かれた南方上座部（テーラワーダ）の経蔵に含まれていて、五四七の話から成っています。本書ではその一端にふれていただきます。

前世の釈尊は菩薩と呼ばれます。ジャータカはインド文化を特色づける輪廻転生の考え方を基盤にしていて、ジャータカによれば過去世において菩薩はさまざまな生を経ています。人間だけでなく、サルやウサギといった動物、ときには鬼神である場合もあります。菩薩が主役である事例がもちろん一番多いのですが、ときに菩薩が脇役である例もあります。

ジャータカは、慈愛の大切さや徳の高い人物のあり方を教える内容からエロティックな内容まで、実に多種多様です。特権階級を批判したり、平和の尊さを説くものがあったり、子どもにもわかる教訓話があったりと、内容の豊富さには驚かされます。世界に伝わる昔話や伝説とも関連を有していて、『イソップ物語』や『アラビアンナイト』などとも対比検討がなされています。比較文学のうえでも、ジャータカは重要な資料なのです。ジャータカの幾つかの物語は漢訳経典を通じて、わが国にももたらされました。『今昔物語』の「月の兎」の話は特に有名です。

パーリ語のジャータカは、どの話も三部から構成されています。

(一) 現在世物語：釈尊がいかなるきっかけによって過去世物語を説くに至ったかの部分。

(二)過去世物語：現在世に起きた出来事の由来が語られるジャータカの主要部分。
(三)結合：現在世の登場人物と過去世に登場する人物（動物や鬼神の場合もあり）を結びつける最終部分。

ジャータカの中心となるのは過去世の部分で、本書は過去世物語に焦点をあてています。

ジャータカは一般の民衆向けに語られた説話です。それ故、古代インドで広く仏教が受容されていくのにジャータカの果たした役割は、極めて大きいものがありました。一般民衆に仏教が伝えられる舞台となったのは、主に仏塔でした。仏塔というのは、釈尊の遺骨（舎利）を内蔵した建造物のことで、門や欄楯（石の垣根）に釈尊の生涯を語る図像（仏伝図）とともにジャータカが彫刻されたのでした。

本書は主に古代インドの仏塔に施されたジャータカ図を紹介するものです。ジャータカの図像は画面構成が複雑で、見ただけですぐにストーリーが理解できるものではありません。解説者の存在が予想できます。事実、説法師（バーナカ）という役職の僧侶が仏塔に関わっていました。おそらくは彼らがジャータカを人々に語り伝えたものと思われます。

ジャータカを彫刻した無名のアーティストたちや、一般民衆に向けてジャータカを教化に活用した無名の説法師たちに思いをはせていただければと思います。

視覚を通して伝えられた「語りの文化」。それは仏教文化の大きな特徴です。古代インドの「語りの文化」をどうぞお楽しみください。

ジャータカ物語の始まり始まり～

入澤　崇

ジャータカ物語

―目次―

撮影／丸山　勇

ジャータカとは……

仏教の開祖である釈尊の前生物語、それをジャータカという。「本生譚」「本生話」とも呼ばれ、仏教では大変重視されてきた。パーリ語で編纂された仏教聖典には五四七話がおさめられているが、現在あるような形で整えられたのは、およそ五世紀頃のことである。ここで紹介する図像資料はそれ以前のもので、ジャータカの原形を知るうえで貴重である。

ジャータカ物語

兎の施し

月に兎《うさぎ》がいる。

どうしてこんなことがいわれるようになったのか。ジャータカにこんな話がある。

森の中に一匹の兎（釈尊の前生）が住んでいた。この兎には猿《さる》と豺《やまいぬ》と獺《かわうそ》の三匹の友達がいた。ある日、一人の修行者がやってきて、それぞれの動物に食物を乞うた。「よろしゅうございますとも。あなたさまに食物をお布施いたしましょう」と、猿も豺も獺も、その日手に入れた食物を差しだすのだった。修行者が兎のもとを訪ねた時、兎は施《ほどこ》す食物を持っていなかった。

「私は自分を捨てて火の中に飛びこみます。私の身体が焼けたら、その肉を食べて、修行をお続けになってください」

そう言って兎は燃え盛る火に近付き、「もし私の毛の中に生き物がいたら、それらが死ぬことがありませんように」と

兎本生（ササジャータカ）
（ゴーリ出土　３世紀中頃　チェンナイ（旧マドラス）州立博物館蔵）
右側の人物は修行者（帝釈天）。その前で燃えている火に、兎が飛びこもうとしている。兎の左に立っている者は帝釈天で、兎の功徳をたたえているのか、上空（月）を指している。左に獺、猿、豺それに供養者の姿が見える。後方に仏塔（ストゥーパ）が描かれているのが面白い。

呟いて火の中に身を投げた。

ところが薪の火は兎を焼かなかった。これは一体どうしたことか、兎は不思議がった。実は、その修行者の正体は帝釈《たいしゃく》天《てん》という神で、兎を試すために天からやってきたのだった。

「たとえ誰がやってきて自分を試そうとも、私に施しを惜しむ気持ちを見つけ

ジャータカのレリーフが出土したゴーリは、南インドを代表する仏教遺跡のひとつ。上の写真はジャガヤペータ仏教遺跡附近からゴーリ方向を望んだところ。

ることはできないでしょう」

と、兎は言い放った。帝釈天は、兎の立派な行いが世界中に知れわたるようにと、山を圧しつぶして、山の汁を絞り取り、その汁で月面に兎の姿を描いたのだった。

古代インドでは、月のことを別名「兎を持てるもの」と呼んだ。

誘惑された一角仙人

家に妻を残して出家した修行僧は、なかなか妻への想いが断ち切れなかったものらしい。釈尊は、そんな修行者にこのような話をしている。

一匹の牝鹿が精のついている草を食べ、水を飲んで妊娠する。生まれたのは人間の子。仙人（釈尊の前生）はその子を我が子とし、一角仙人と名づけた。一角仙人は成長し、森のなかで厳しい修行を続けた。修行の厳しさは、帝釈天のすみかまでを揺り動かすほどで、帝釈天は一角仙人の修行を邪魔しようと一計を企《くわだ》てる。帝釈天のたくらみというのは、地上に三年間雨を降らさずにおいて、国中を混乱に陥れ、国王を次のようにそそのかすことだった。「雨が降らないのは一角仙人の行っている苦行のせいだ。王の娘ナリ

ナリニカージャータカ
（マトゥラー出土　３世紀頃　マトゥラー博物館蔵）
ナリニカー姫が一角仙人を誘惑している場面。

13頁のジャータカのレリーフが出土したマトゥラーは、仏教史上重要な拠点の一つ。しかし、最初は伝道のままならなかったところと仏典は記している。右の写真はマトゥラーの西方カトゥラー付近のマウンド。

ニカー姫を遣わせて、一角仙人の苦行をやめさせれば雨は降る」と。ナリニカー姫は王より一角仙人を誘惑する命を受け、森の中に入っていった。彼女は仙人の格好をして、一角仙人の父親の留守中に、彼に近付いた。一角仙人は生まれてこのかた、女性を見たことがなかったので、彼女を自分と同じ苦行者だと思い込んでしまう。ナリニカー姫は、

「自分の股間にあるべきものが熊によって取り去られ、傷がひどく痛みます。どうか痛みを治してください」

と、言葉巧みに一角仙人を誘惑する。

事を遂げたナリニカー姫が立ち去った後、父親が帰ってくる。一角仙人は事の顛末を父親に話し、友達になったと信じている苦行者の行方を尋ねた。父親は戯れ事に耽るでないと諭し、一角仙人の目を覚まさせる。自分の過ちを知った一角仙人は、その後再び修行に励むのだった。

このインドの話は我が国にも伝わり、『今昔物語』とか『太平記』、さらには、謡曲や歌舞伎に見ることができる。とりわけ名高いのは、歌舞伎十八番の一つ『鳴神《なるかみ》』。そこでは、一角仙人は鳴神上人に姿を変え、ナリニカー姫は〝雲《くも》の絶《た》え間《ま》姫《ひめ》〟という名で登場する。

一角仙人の誕生シーン（バールフット出土　前１世紀頃　コルカタ（旧カルカッタ）・インド博物館蔵）
上の方に表現されているのは仙人の庵。右下で、仙人が小便をしている。その前で、鹿が草を食べ、水を飲んでいる。真中部分は、鹿が人間の子を産み、仙人がそれを取り上げているところ。

天馬に救われた男たち

天馬といえば、ギリシャ神話のペガサスが有名であるが、ジャータカの中にも、天空を翔《かけ》る馬の登場する話がある。こんな話だ。

船が難破したために、五百人の商人たちがある島に漂着する。島には着飾った女たちがいて、商人たちを親切にもてなす。やがて、商人たちは女たちの虜《とりこ》になり、五百組のカップルができあがる。

実は女たちは夜叉女《やしゃめ》という鬼で、島は鬼女の棲む島なのだった。鬼女は漂着した者を夫にしては、自分の意に従わせ、ついには夫の肉を喰べてしまうという恐ろしい習性をもっていた。今回も鬼女たちは、新たに商人たちを夫に迎え、それまでの夫を牢獄に閉じ込め、

マトゥラー市内外に遺跡は多く、発掘された彫刻は信仰の具体相を探る上で貴重なものが多い。写真はマトゥラー市郊外ゴーヴィンドナガルの遺跡。1976年にこの地より、阿弥陀仏の刻銘がある仏像台座が出土した。

ヴァラーハッサジャータカ
（マトゥラー出土　2、3世紀頃　コルカタ・インド博物館蔵）
上段：牢獄に幽閉された男たちを、一人の商人が樹の上から見ている。
中段：雲馬に乗って逃れる商人たち。
下段：島に残った商人たちが鬼女と戯れているところ。その下で、鬼女が大きな舌を出している。

ほどなく殺して肉を喰べるのだった。

商人たちはそんなことが行われているとは知らず、悦楽に耽る。そんな中、商人たちの首領が女たちの正体に気付く。首領は仲間に、女たちが鬼女であることを告げて、逃亡を促す。ところが、首領の言葉に従ったのは二百五十人だけで、あとの半分の二百五十人は「彼女たちを見捨てることはできない。私たちは逃げません」と、この地にとどまる。

そこへやってきたのは、空を翔ることのできる白い馬、雲馬（釈尊の前生）。雲馬は、鬼女から逃げてきた商人たちを体につかまらせ、神通力によって彼らを人間の世界に連れ戻す。島に残った商人たちは、新たに島に男たちが漂着した時、鬼女に殺され、食べられてしまう。
この話の最後には、次のような偈《うた》が付されている。

仏の教えに従わない人々は
破滅へと赴くであろう
ちょうど、商人たちが
鬼女によって
破滅させられたように

仏の教えに従う人々は
彼岸の至福へと赴くであろう
ちょうど、商人たちが
雲馬によって
救われたように

17頁写真の中段部分の拡大図。

象の牙

嫉妬というのは恐ろしい。ジャータカにこんな話がある。

昔、ヒマラヤの近くに、牙が六色に輝く象（釈尊の前生）がいた。その象は八千頭の象を率いる王で、二頭の象を妃としていた。

ある日、花見に行った時のこと。象王が満開のサーラ樹を揺らすと、木の下にいた二頭の妃のうち、風下にいた妃には花びらや花粉が落ちてきて、風上にいた妃の方には枯れ葉と赤蟻が落ちてきた。

「愛する妻には花を落として、私には枯葉を落とした」と、片方の妃は象王に対して怨みを抱く。

別の日、今度は水浴びに行った時のこと。湖で水浴びをする象王に一頭の象がやってきて、大きな蓮を捧げた。象王は受け取ると、近くにいた妃に蓮を与えた。嫉妬深い妃の方はそれを見て、「大きな蓮も愛する妻にだけ与えて、私にはくれないのだわ」と、再び象王に対して怨みを抱く。

彼女は密かにこの仇をとる願いをもった。その願いとは、死後に人間の王女に生まれ変わって、王の第一妃となり、王の寵愛を受け、王を自分の意のままにし、一人の猟師を派遣して、この象王を毒矢で殺し、牙をとってこさせる、というすさまじいものだった。それ以降、彼女は食物を一切とらないで、ほどなく

チャッダンタジャータカ（アマラーヴァティー出土　2世紀頃　チェンナイ州立博物館蔵）
象王が従者の象に傘をさしかけてもらい湖に向かう（中央部右）。他の象たちと水浴びをして（下部）、湖から上がる（中央部左）。と、そのとき、象王は猟師にうたれてしまう（上部右）。猟師に牙を切られている（上部中央）のを、他の動物たちが悲しそうに見ている（上部左）。猟師は、象王の牙を持ち帰る（最上部）。

アマラーヴァティーの大塔址
デカン高原東南部を流れるクリシュナ河畔に残る直径50ｍの仏塔址。南インドを代表する仏教遺跡。

して死んだ。

　果して、彼女は王妃となり、前世の願いが叶ったことを知る。王を籠絡し、国中の猟師を集めさせると、王妃は一人の猟師を選んで、象王の牙をとってくるよう彼に命じた。

　猟師は数年をかけて象王のもとにたどり着くと、罠をしかけ、毒矢を放つ。象王は叫び声をあげ、なぜ自分を射たのか、理由を猟師に尋ねた。猟師は王妃に命じられた旨を話すと、象王は死んだ妃の仕業とすぐに理解した。息絶え絶えのなか、王は自らの鼻でのこぎりを持ち、牙を切った。そして、静かに息を引きとった。

　王妃は猟師より牙を受け取ると、愛する夫であった象王のことを思い出した。こみあげてくる悲しみに耐えることができず、胸がはり裂けて、その場で死んでしまった。

マンダータル

ジャータカの中には、欲望の充足のあり得ぬことを説く話が数多い。たとえば、こんな話がある。

人類第七番目の王マンダータル（釈尊の前生）が転輪聖王となって、国を治めていた。七つの宝と四つの神通力、それに数えることのできないほどの寿命を持つ王であったが、欲望を充たすことができず、鬱々としていた。

ある日、大臣たちに、天界こそが楽しいところだと教えられ、多くの人々と一緒に、四天王の世界へ行く。四天王は王を迎え入れ、彼に神々の王国を支配させる。時が過ぎ、王はまたふさぎこんでしまう。その国で

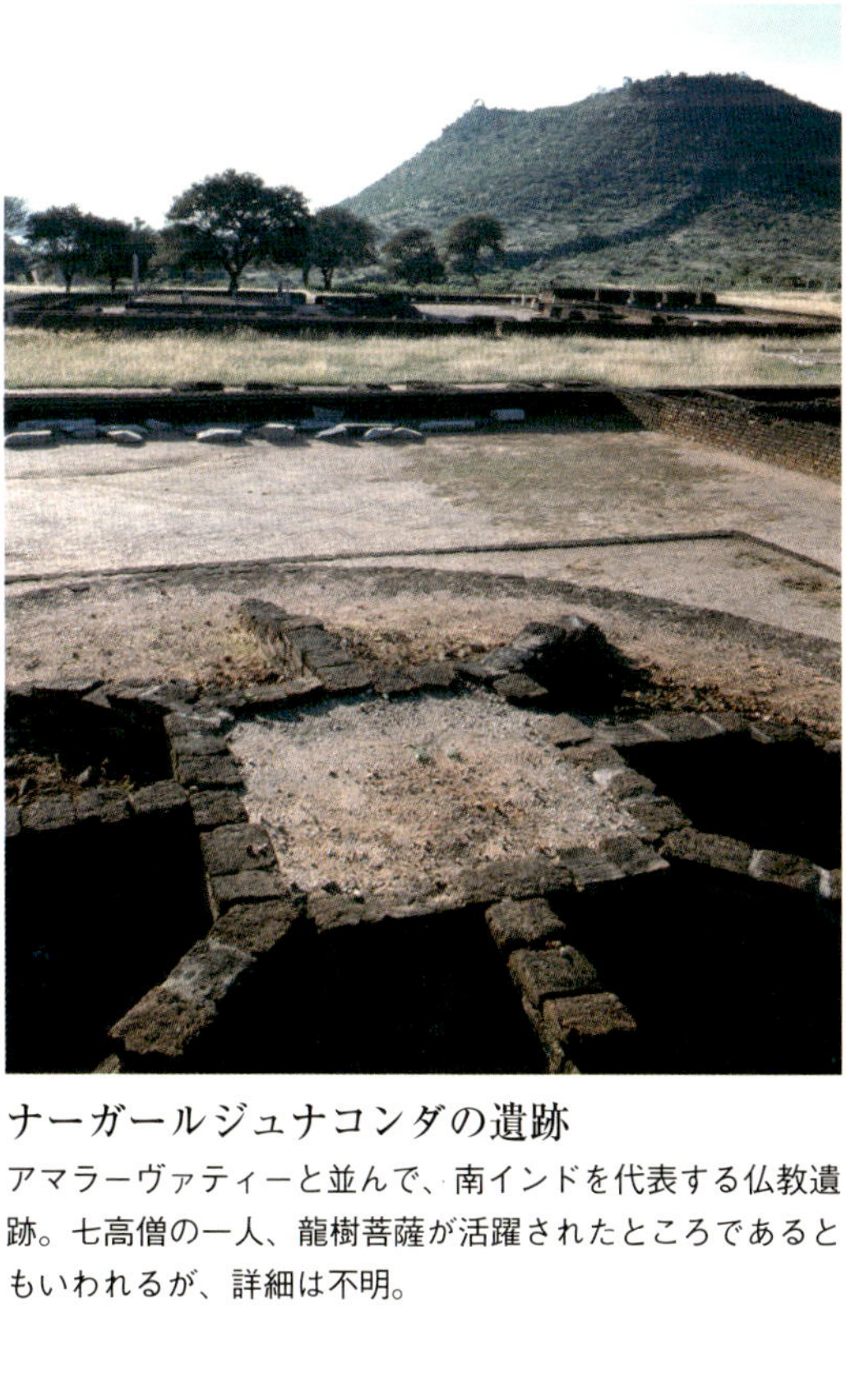

ナーガールジュナコンダの遺跡

アマラーヴァティーと並んで、南インドを代表する仏教遺跡。七高僧の一人、龍樹菩薩が活躍されたところであるともいわれるが、詳細は不明。

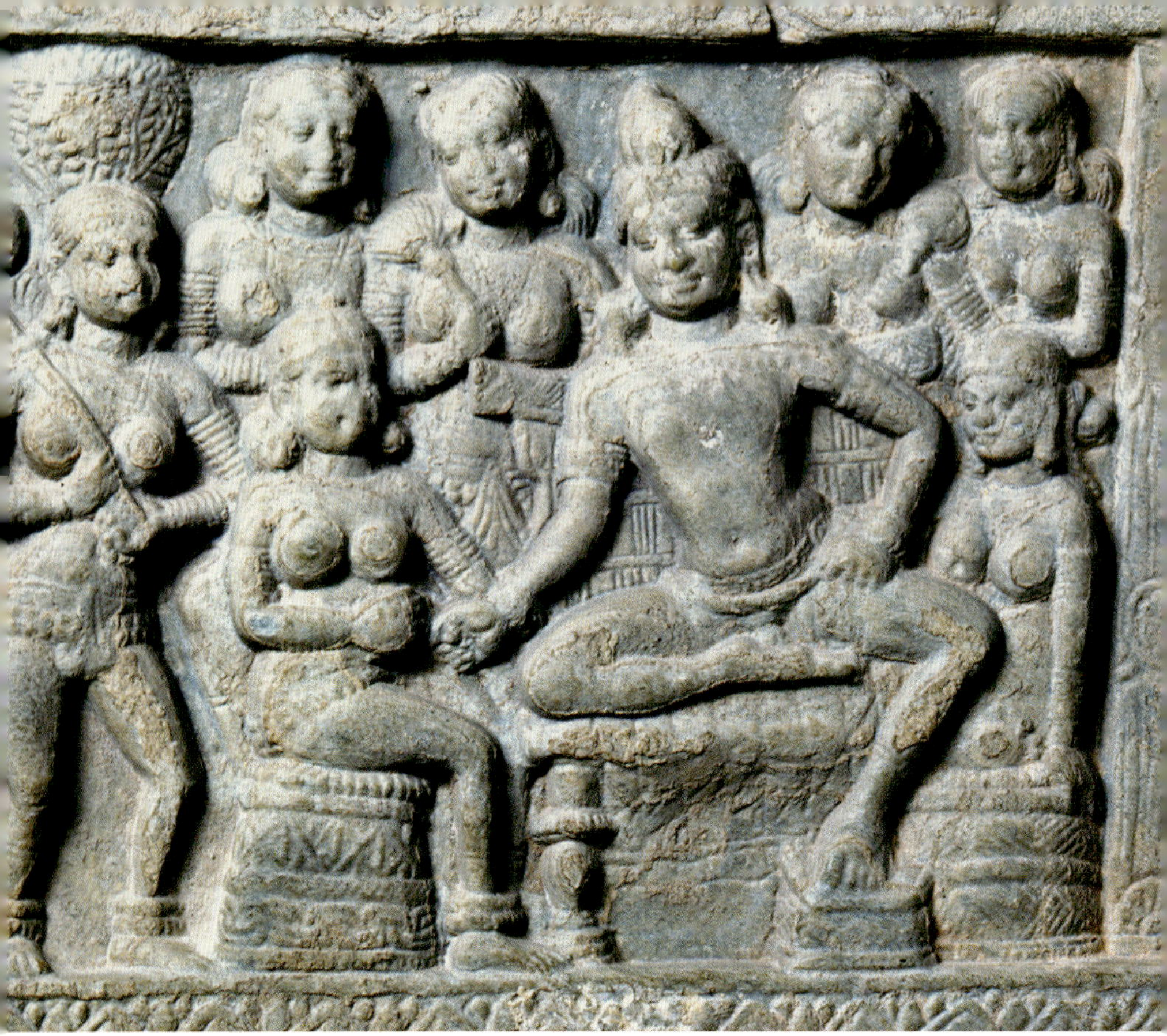

も、欲望を充たすことができないのだった。

四天王の世界よりも楽しいところを求めて、マンダータルは、次に帝釈天の世界へと赴く。帝釈天は彼を迎えるなり、天界の半分を彼に与え、二人で神々の世界を統治する。やがて、時が流れ、マンダータルは、さらに一層欲望をつのらせる。

「いっそのこと、帝釈天を殺して、一人で統治しよう」

と、彼は考えた。しかし、この欲望が不幸の原因となった。王の生命力は衰え、老いが身体にせまってきた。ついに、天界からもとの王宮の庭園に落ちてしまう。

マンダータル王は憔悴しきって、用意

マンダータルジャータカ
（ナーガールジュナコンダ出土　3世紀頃　ナーガールジュナコンダ博物館蔵）
マンダータル王が、天界において、数人の女性にとり囲まれている光景。愛欲は、海のように、満水になることはない。ジャータカは繰り返しこのことを教える。

されたベッドに横たわる。天界を治めることができても、欲望を充たすことができないまま死んだ王がいた。このことを多くの人々に伝えるよう命じて、王は静かに息を引きとる。

この話を語り終えた釈尊は、次のような偈を唱えている。

お金が雨降ろうとも
欲望には満足はない
欲望は喜び少なく苦である
と知って人は賢者となる

この話には、とりたてて釈尊の前世の善行を称讃する意図は見られない。もしかすると、この話はジャータカの形をかりて、栄華を誇る権力者に対する批判をもくろんだものであるかもしれない。

布施太子

仏教において、布施は大切な行とされ、そのことを伝える物語も数多くある。この話はそのようなジャータカの中でも、特に有名なものである。

山中で庵を結び、隠遁生活をする家族がいた。ヴェッサンタラ王子一家である。シヴィ国の王子ヴェッサンタラ（釈尊の前生）は、施しをすることで名高い有徳の人。しかし、国の宝であった白象を隣国に与えてしまったことで、国中の非難の的となり、ついには国外追放の身へと。そして、いま山中で貧しい生活を送っている。

ある日のこと、妃が食べ物を探しに出かけている間、悪バラモンが王子を訪ね、召使いにするために王子の二人の子どもを要求する。

ヴェッサンタラジャータカ
（サーンチー第1塔北門第3横木背面　1世紀頃）
庵の前で火をもやす王子夫妻、鹿と戯れる二人の子ども（画面右側）。悪バラモンが猟師（弓矢を構えた人物）に道を尋ね、王子のもとにきて二人の子どもを要求する（中央下）。バラモンは二人の子どもを杖で叩きながら連れていく（弓矢の人物の真下）。帝釈天（金剛杵を握り冠をかぶる）の登場があり、やがて父王（左下馬上の人物）が二人の子ども（左上象に乗る）と迎えにきて、ヴェッサンタラ夫妻は馬に乗って森を去る（左上）。

「子どもたちよ、私の徳の完成を叶えておくれ」と、王子は悲しみをこらえ、バラモンに子どもを与えてしまう。戻ってきた妃は王子の無謀をなじるが、やがて子どもに勝る布施はないと、夫婦は同意しあう。

そのとき、帝釈天は王子の気持ちをさらに試そうと、妃を要求する。王子がその求めに応ずるや、帝釈天は王子の布施行が本物であることを知り、妃を王子に返す。

さて、悪バラモンに連れ去られた二人の子ども。彼らはシヴィ国の都で、無事、王子の父王に保護される。大臣たちは、

サーンチー大塔の周辺

インドの仏跡を詳細に報告した玄奘は、不思議なことに、サーンチー大塔についてはまったくふれていない。玄奘の時代、すでにサーンチー大塔周辺は廃墟と化していたのだろうか。

「森へ追放された者が子どもを施すなど、言語道断」と口々にヴェッサンタラをののしる。父に対する非難に耐えかねた子どもは、

「何も持たない者は、もの乞いに何を与えたらいいの」と言い放つ。孫の言葉に目を見開かれた国王は、王子を称讃し、王子を追放した罪を認める。

王子を許した国王はたくさんの伴を引き連れて、王子夫妻を迎えに行く。先導するのは二人の子ども。草木の実や根に頼る生活をしていた夫妻は、久しぶりに見る父王、子どもたちと共に再会を喜びあう。

軍隊に護衛されたヴェッサンタラは、飾りたてられた道を通り帰国する。都に到着するや、人々の喜びの歓声がわき上がり、ヴェッサンタラはシヴィ国の大王として宮殿にのぼるのだった。

この物語を描く彫刻絵画はアジア各地域に遺っており、なし難き布施をなしたヴェッサンタラは仏教信者の模範とされた。

猿王物語

昔、ガンジス河の岸辺に、大きなマンゴーの樹があった。その甘い実はたいそう美味で、猿たちの好物だった。ある日、猿王（釈尊の前生）は悪い予感をいだく。

「この果実のために、私たちの身に恐ろしいことがおこる……」

その予感は的中した。美食家の国王が、マンゴーの熟した実を求めにやってきたのだ。国王はマンゴーを食べている猿たちを見つけると、猿どもを殺せと部下に命じた。猿たちは恐怖にお

バールフット・ストゥーパ欄楯（コルカタ・インド博物館蔵）

31頁の図像は、バールフット（中インド）にあったストゥーパ（仏塔）を囲む欄楯に彫られたものである。バールフットのストゥーパ彫刻は仏教美術の最初期のもので、ジャータカ図が多いことで名高い。また、そこには、民間信仰に由来する土俗神の像も多く、写真の右端には、樹神が描かれている。

ののき、ただ震えるばかりだった。その時猿王は、「恐れるな。私がおまえたちの命を救けてやる」と、猿たちを安心させた。

猿王はむこう岸に渡り、岸辺に立つ樹とマンゴーの樹との距離を測るや、一本のつる草をとって両方の樹を結ぼうとした。しかしつる草は寸前のところで、マンゴーの樹にとどかない。つる草を腰にまきつけた猿王は、マンゴーの枝にしっかりと手をかけ、猿たちに命令を下した。

「私の背を踏んで、つるをつたって渡れ！」

八万もの猿たちは、猿王の命令に従った。多くの者は猿王に礼を言い、背を踏みつける非礼を詫びながら渡っていった。しかし中には猿王に悪意をいだく猿もいて、わざと勢いをつけて猿王の背中にとびおる者もいた。必死で苦痛をこらえた猿王は、どうにか猿たちを救うことができたものの、内臓は破れ、死が近づいてきていた。

一部始終を見ていた国王は、猿王のとった行為に感動した。「やつは動物でありながら、自分の命をかえりみず、仲間を救ったのだ」国王は猿王を樹からおろさせて、自ら看護にあたるのだった。

「あらゆるものの幸せは、智を持てる王によってもたらされる」

猿王は国王にそのことを教えると、静かに息をひきとった。

改心した王は、諸王にするのと同じ葬儀を猿王のためにしてやるのだった。そして生涯、猿王を供養し続け、善く国を治めた。猿王の残した戒めを肝に銘じつつ。

マハーカピジャータカ（バールフット　コルカタ・インド博物館蔵　前１世紀頃）
円形の中に三つの光景を表現している。上部は、猿王自らの身体を橋にして猿たちを救けているところ。猿たちは猿王の頭の方から尾の方へと渡り逃げている。中央部は、疲れ果てた猿王を看護するために、猿王の落ちてくるのを受け取ろうとするところ。下部は、国王が猿王に教え諭されているところ。

チャンペッヤ龍王

宝石をちりばめたホール、大勢のおつきの者、溢れるばかりの酒、――龍王の豪華な生活を見た貧しい男が、死後、チャンペッヤという龍王（釈尊の前生）に生まれ変わる。龍王の暮らしぶりに憧れ、望み叶ったわけだが、龍王といっても畜生（蛇）の身。やがて、自分の身を嘆き悲しむようになる。

そんな龍王を見て妻のスマナー龍女は、他の龍女たちにさまざまな楽器を演奏させ、彼の沈んだ気持を和らげようとする。チャンペッヤは、飾りたてた龍女たちとしばしの悦楽の時を過ごすが、すぐに後悔にさいなまれる。

「畜生の世界が何になろう。人間の世界に行き、欲望を制する行をして、真理を会得しよう」

龍王はひと月に二度、人間の世界に現れ、二日間、村の蟻塚の上で禁欲の行をする。

龍宮から出て、行をしていたある日、一人の若者が、

「この蛇を捕え、芸をさせて、ひともうけしてやろう」と企てる。若者にいためつけられても、龍王は持っている強い力を出すこともなく、ただ苦痛を耐え忍ぶ。若者のなすがままに、村や町で芸を見せながら、つい

チャンペッヤジャータカ
（アジャンター第1窟後廊右部壁画　6、7世紀）
龍宮で、龍王と国王が対話をしている場面。正面左側、頭にフード状の五匹の蛇をつけているのが、チャンペッヤ龍王。正面右に座っているのが国王。ここには写っていないが、この壁画の左上には、龍王が龍宮の世界に倦むシーン、右上には王宮でのシーンが描かれている。

アジャンター石窟
石窟群のうち、初期に開窟された祠堂窟第9窟から第1窟方向を望む。アジャンター石窟に遺る壁画は、質量ともにインド古代絵画の宝庫。その壁画は石窟寺院の内壁を飾るためのもので、寺院の内部荘厳という点で、中央アジアの壁画や法隆寺金堂壁画等とも重要な関連をもつ。

には王宮にやってくる。

一方、妻のスマナーは、夫の身を案じて人間界に現れ、王宮で踊りを見せている夫の姿を空中から発見する。国王は空中の龍女を見て、事情を尋ねる。スマナーは答えた。

「彼は私の夫です。どうか彼を助けてください」

国王は蛇使いの若者に龍王を解放するように頼むと、蛇使いも福徳を求めてそれに応ずる。解放されたチャンペッヤ龍王は国王に感謝すると、国王を龍宮に案内する。

華麗な龍宮には、素晴らしい食事をはじめとして、ありとあらゆる幸福が満ちている。国王は不思議でならない。龍王がどうして幸福を捨てようとするのか。

「龍よ、あなたはなぜ苦行をするのか」

「財産のため？　寿命のため？　いいえ、私は人間に生まれ変わりたいのです。清浄と節制は人間の世界だけにあるのです。私は清らかさと節制を守って、本当のさとりを得たいのです」

ルル

一人のならず者が河の流れに押し流されて、悲鳴をあげている。それを見た鹿のルル（釈尊の前生）は、河に入っていくと、男を背中に乗せ、岸辺へと運ぶ。ルルは男を手厚く介抱し、自分の住んでいる場所を誰にも教えてはならないと男に約束させる。

男が元気を回復し都に戻ってきた日、都の王妃が金色の鹿の夢を見る。王妃は、その金色の鹿に一目会いたいと、王に願い出る。そして、都にこんなおふれが。

「金色の鹿が住んでいるところを知っている者には褒美をとらせよう」

男は褒美に目がくらみ、ルルとの約束を破って、王に金色の鹿の在所を告げる。王は男を道案内にして、臣下を引き連れ、ルルのいる林へと赴く。

王はルルを見つけると、生け捕りにするために弓を構えた。

「お待ちください、大王さま」

ルルは王の背後に例の男を見つけると、男を救ったいきさつを王に話した。

「恩知らずのやつめ」

カウシャンビー（コーサンビー）の遺跡

バールフットから東北へおよそ200㎞のところに、かつての一大商業都市カウシャンビーが位置する。そこは、西インドの中心地ウッジャイニー（現ウッジャイン）からバールフットを経てパータリプトラ（パトナ）に至る交通の要衝でもあった。釈尊もここにしばしば滞在したといわれ、教化伝道の舞台としても名高い。

王はルルの話を聞くや、恩知らずの男を殺そうとする。自分のことが原因で殺生があってはならない。ルルは王を制止して、男に褒美を与えるよう進言する。王は、裏切った男をも許そうとする鹿に感激し、何か願いごとはないかとルルに尋ねる。

「大王さま、人間は言うこととすることが違います」

王は即座に首を振って、

「私をそんな男と思わないで欲しい。王国が亡ぶことになっても、あなたの願いを叶えてみせる」

そこで、ルルは王に願いごとをする。一切の生きとし生けるものたちに、安心立命を与えるようにと。

ルルジャータカ（バールフット欄楯柱　コルカタ・インド博物館蔵　前1世紀頃）
円形の中に三つの光景を描いている。下部は、ルル鹿が男を背に乗せ、河から救いあげるところ。図右端は、男がルルを指さし、国王が弓を構えているところ（他の鹿が恐れて林の中を逃げまどう様子が図左端）。図中央は、国王と臣下の者がルルに合掌しているところ。円形図の上方には、柱を寄進した者の名前と、ミガ（＝鹿）ジャータカとの文字が記されている。

王は約束を誓い、ルルを都に連れて行き、妃のために法を説いてもらう。王や臣下の者も説法を聞き、その日以来、誰も獣や鳥に手を出さなくなる。

数日後、林の中で鹿たちを教え諭すルルの姿があった。

「人間が作った穀物を食べてはならない」

人間たちが危害を加えないことをいいことに、穀物を食べ放題にすることを戒めたのである。

マトゥラー郊外

仏教彫刻が数多く出土したマトゥラーは、ヒンドゥー教の主神の一人、クリシュナ神の誕生の地でもある。古くより「神々のまち」と呼ばれるように、マトゥラーではヒンドゥー系の神像も数多く彫刻され、多大な信仰を受けていたことが知られる。写真手前に見えるのはヒンドゥー寺院。後方には二つの仏教遺跡が見られる。

シヴィ王

自分の肉体の一部を他人に施したい。シヴィ王（釈尊の前生）の願いは痛切だった。これまで多くの財物を布施してきたが、もはや身の周りのものでは満足できず、自分の身体を、と考えていた。

「もし人が私に眼を求めるなら、私はためらうことなく与えよう」

シヴィ王の意向を知った帝釈天は、本当にそのような施しができるのか疑問を持った。そこで、帝釈天はシヴィ王を試そうと、盲目の老人に変装してシヴィ王の前に現れる。

シヴィ王は、自分の望みが叶えられることを喜んだ。老人を連れて宮中に帰り、すぐさま医者を呼ぶのだった。

「王が眼を引き抜いて、盲目の老人に与えるそうだ」

このことは国中に響きわたった。多くの人が王のもとにやってきて、何とか王を思いとどまらせようとする。

「王よ、あなたはどうして両眼を与えるのですか」

王は答えた。

「これは昔の賢者たちの行った正しい道なのだ。だからこそ、私の心は布施を楽しむ。決して名声のために与えるのではない」

シヴィ王は医者に、眼を取り出す手術を行うよう命ずる。苦痛をこらえるなか、眼を取り出す手術が行われ、シヴィ王の眼は老人に与えられた。盲目となったからには、王の職を全うすることはできないと考え、シヴィ王は出家する。

天界に戻った帝釈天は、シヴィ王の偉大さにうたれ、もう一度王の前に現れる。二人が言葉を交わすうち、シヴィ王に布施の果報として、新たに眼が生じてくる。以前の眼でもなければ、神の眼でもなかった。その眼は真実を見る眼であった。

帝釈天は人々の前でシヴィ王を称讃する。再び両眼を得たシヴィ王は都に戻り、群衆の前でこう言うのだった。

「この世の中で、人間にとって布施ほどすぐれたものは他にない」

シヴィジャータカ（マトゥラー出土　コルカタ・インド博物館蔵　3、4世紀頃）
シヴィ王の物語は、北伝の漢訳仏典の中では、身体の肉を施すことによって鳩を救うというストーリーになっている。鷹に追われている鳩がシヴィ王のもとに逃げてきて、追いかけてきた鷹に王がこう言う。「鳩の重さだけ私の身体の肉をあげよう。その代わり、鳩を救けてやってくれ」と。王は家来に秤をもってこさせて、身体の肉を刀で切って、鳩を救う。右側に坐っているのがシヴィ王。その隣に秤を持つ家来が立つ。

天女ヒリー

帝釈天（釈尊の前生）には、美しい四人の娘がいた。娘たちの名は、アーサー（希望）、サッダー（信頼）、シリー（光輝）、そしてヒリー（羞恥）。ある日、このなかで誰が優れた女であるかが話題となった。父親の帝釈天は自分で判定することはできず、こんな提案をした。

「ヒマラヤにコーシヤという苦行者がいる。彼に天の食物を贈ることにしよう。彼は他人に施しをせずには食べることをしない。施しをする時には、徳のある者に布施をなす。コーシヤが施しをする者こそが最も優れた女だ」

コーシヤのもとへ帝釈天から天の食物が送り届けられ、ほどなくしてそこへ四人の娘が現れる。

「私は天女シリー。どうかその食をお恵みください」

「そなたに対し、自分の幸福だけを願う愚者がいる。その者は賢者を害する。おまえのせいだ。立ち去れ」

次は、アーサーの番。

「おまえは自分が気に入った者には希望をかなえさせてやっているが、気に入らぬ者には希望を与えていない。立ち去れ」

スダーボージャナジャータカ（？）（ボード・ガヤー　前1世紀頃）

左右に相対する男女は、帝釈天の四人の娘たち（左側）が一人ずつ順番に苦行者コーシヤの前に現れて、天食を乞うているところ。下部中央の二人の人物図は、手に何かを持つ苦行者（左下）が天女ヒリー（右下）を讃えているところ。ある学者は本図像をこのように解釈したが、異説もある。

次は、サッダーの番。

「誰かの言葉を信ずる者は、しなければならないことよりも、してはならないことを多くしている。これはおまえのせいだ。立ち去れ」

最後に残ったのはヒリー。

「私は天女ヒリー。天の食をいただきにここに参りましたが、あなたに乞うことはとてもできません。女がもの乞いをするのは裸になるも同じこと」

「乞うことをしないあなたにこそ、この食は与えられる」

コーシヤはヒリーを招き、もてなした。後日、コーシヤは帝釈天の使者にこう話した。

「どうして彼女を選んだか?

夫のいる女性が他の男に心ひかれても、恥じらいゆえに自らを抑える。最前線にいた者が逃げ出したとしても、恥じらいゆえに引き返して戦いに戻る。実に、羞恥こそは悪を抑える。よって、天女ヒリーは聖者に崇められるのだ」

ボード・ガヤーの大塔の周囲
釈尊の成道した場所ボード・ガヤーはバールフット、サーンチーと並ぶ古代仏教美術の代表地。大精舎を囲んでいた欄楯の砂岩部分に、古代初期の浮彫彫刻が表現されている。残存するジャータカ図の多くが、いまだ解明されていない。

ヴィドゥラ賢者

昔、クル国にヴィドゥラ（釈尊の前生）という大臣がいた。賢者の誉れ高く、話の内容はいつも聞く者に感銘を与えていた。

バールフットの欄楯柱
手前の柱の正面中央が47頁の図像。その上下にもこのジャータカのいくつかの場面が浮彫されている。バールフットには、題銘をもつジャータカ図が18点存在しているが、その中ではこのジャータカ図が最も内容が豊富。解説者なくして到底内容はわからない。古代、ヴィドゥラのように説法巧みな者が、民衆の前で図像の解説にあたったと考えられる。

ある日、ヴィドゥラの教えを聞いた龍王が、龍宮に帰って王妃に彼の素晴らしさを語る。王妃はヴィドゥラの話が聞いてみたくてたまらなくなった。しかし、簡単に会うことはできない。そこで、王妃は仮病をつかい、賢者の心臓がなければ自分は助からない、と嘘をつく。王妃の嘘を真に受けた龍王は、娘に、

「ヴィドゥラの心臓を持ってこられるような夫を探してこい」

と命ずる。娘は夜叉のプンナカを誘惑して恋仲となる。龍王はプンナカと約束する。ヴィドゥラの心臓を持ってくることができれば、娘と結婚させてやる、と。

プンナカは、ヴィドゥラの主人である王と賭けごとをして、首尾良くヴィドゥラを手に入れる。プンナカはヴィドゥラを空飛ぶ馬の尻尾につかまらせ、空へと駆けあがる。プンナカは考えた。この男を生かして連れていく必要はない。いっそ殺して、龍王の王妃のために心臓だけを持ち帰り、娘をもらうことにしよう。

プンナカはヴィドゥラを殺そうと、崖の上で逆さづりなどを試みたが失敗に終わる。

「龍王の娘を愛した者がどうして自分を殺そうとするのか」

ヴィドゥラはプンナカに尋ねた。事情を聞いたヴィドゥラは、王妃が自分の心臓を欲しいというのは嘘で、ただ自分の話を聞きたいだけだと、事の真相を見抜く。そして、プンナカに善人の行うべき道について教えを説く。改心したプンナカは、ヴィドゥラを龍王夫妻のところへ連れていく。

ヴィドゥラは龍宮で説法をし、龍王たちを喜ばせた。話し終わると、どうぞ心臓をなすがままにしてくださいと申し出た。龍王は言った。

「賢者の心臓とは、智慧のこと。あなたの智慧に、私たちは心から満足しました」

ヴィドゥラは、龍王の娘を妻にすることのできたプンナカを伴に、クル国へと帰路につくのだった。

ヴィドゥラパンディタジャータカ（バールフット出土　コルカタ・インド博物館蔵　前1世紀頃）
図の下で、馬に乗るプンナカとヴィドゥラが二回あらわされ、連続していることを示す。下中央、馬の尻尾につかまっているのがヴィドゥラ。図の右上は、プンナカがヴィドゥラを殺そうと、ヴィドゥラの両足を持って逆さづりにしているところ。プンナカに対するヴィドゥラの説法の場面が左上に見られる。

善事太子

昔、善事（釈尊の前生）という心優しい王子がいた。貧民や病人を見ては心を痛め、父王の持っている財宝を彼らに施していた。しかし、その財宝にも限りがある。

そこで、大海に入って龍王の宮に行き、如意珠を求めることにした。龍宮の如意珠こそは、望みのものを欲しいままに得ることができ、病も癒やし、幸福をもたらすという代物。善事太子はそれを得て、衆生を救済しようと誓いをたてた。

だが、海路には多くの困難がつきまとう。父と母は心配のあまり、行くことを許さな

善事太子本生
(アジャンター第1窟左廊壁画
6、7世紀頃)
古くより解読しにくい図像として知られるが、最近、『賢愚経』巻九の「善事太子本生」ではないかとの見解が提起された。右に如意珠を求める一行が乗った船、その右に難破する場面。左の房室入口の右上に、宮廷内で王女が自分の父王と母妃に善事太子のことを話している場面。中央部は楽人たちを従えた善事太子が王女を伴い、馬に乗って帰国するところを描いているという。

い。しかし、善事の決心はかたく、とうとう両親はこれを許す。善事は五百人の商人と弟の悪事（提婆達多の前生）と共に船に乗り込んだ。案内するのは、余命いくばくもない盲目の導師。彼は善事に龍宮にいたる経路と、龍宮の模様を説明する。

「龍宮は七宝でちりばめられた城で、五百の天女がいる。そのなかの尊勝なる天女が持っている宝珠こそが如意珠。かならずや、王子にたてまつるでありましょう」

そう言い終わると、導師は息果てる。善事は導師の指示通りに龍宮へ至り、天女から如意珠を受け取る。

ところが、商人たちが他の宝物を船に積み過ぎたために、船は沈没してしまう。如意珠を持っていたために善事は助かり、弟の悪事も救うことができた。しかし、悪事は兄が眠っている間に彼の両目をつぶし、如意珠を奪って一人で国へと逃げ帰る。

盲目となった善事は、ある国の王女にみそめられ、夫婦となる。王女への愛情が真実なることを誓うと、善事の片目が開く。善事はこれまでのいきさつを王女に話す中、弟に対して怨みの気持は抱いていないことを誓うと、もう一つの目が開く。王女は父親に善事を引きあわせ、二人の結婚を認めさせる。

善事は王女と共に自国に戻り、めでたく両親と対面。弟を許す。再び如意珠を手にした善事は、人民のために五穀・衣服をあめふらし、国をうるおわせるのだった。

雨で増水したワゴーラ河とアジャンター石窟

アジャンター石窟に遺る壁画の特色として、世俗的性格が指摘される。豪華な王宮や装身具で飾られた宮女たちの描写は、物語と関係あるにしても強調され過ぎている。石窟寺院が富裕な世俗社会と深い関係を持ったことの反映であろうか。

スジャータのはかりごと

悲しみに沈んでいる一人の男がいた。父親が死んだせいで食事も喉を通らず、仕事をする気もおこらない。火葬場から父の骨を持ち帰り、自分の庭に塔を建て、その下に埋めていた。塔に花を捧げて供養しては、涙が頬をつたった。

「私のお父さんは、おじいさんが死んでからというもの、悲しみにくれてばかりいる」

心配そうに見つめるのは、息子のスジャータ（釈尊の前生）。

「なんとかしてお父さんの悲しみを取り除いてあげねば」

スジャータは一計を案ずる。彼は、村のはずれで

牛と共に歩む（祇園精舎付近）
インダス文明の頃より現在に至るまで、インド人は牛を神聖視する。インドの代表的な神であるシヴァの乗り物はひとこぶ牛のナンディンであり、ゴータマ・ブッダのゴータマは「最もよい牛」の意味である。

一頭の死んだ牛を見つけ、牛の前に草と水を持ってきて、「さあ、おあがり」と死んだ牛にすすめる。

人々は彼を見て、

「スジャータ、君は少し頭がおかしくなったんじゃないか。死んだ牛に草や水をあげたりして」

人々の声にスジャータはふりむきもしない。人々は父親のところへ行って、スジャータのしていることを告げる。驚いた父親は、悲しんでいるどころではなくなり、息子のことが心配で矢も楯もたまらなくなった。

息子のところへとんでいき、

「どうしたというんだ、スジャータ。死んだ牛に草や水をやったりして」

スジャータジャータカ

（バールフット出土　コルカタ・インド博物館蔵　前１世紀頃）

横たわる牛に草を食べさせようとしている子どもと、それを見つめる父親が表現されている。図の上方には、スジャータの名前を記す碑文が刻まれている。なお、スジャータという名前は、釈尊に乳粥を捧げた娘が有名であるが、仏典にはスジャータを名乗る人物の話がいくつかある。

食べ物や飲み物を与えても、死んだ牛は起き上がったりしない。まるで愚か者のすることだ、と言う父親。それに対し、スジャータはこう言った。

「この牛には以前と同じ頭がある。手足がある。でも、牛は生き返らない。おじいさんはもはや頭はなく、手足もない。塔のかたわらで泣き叫ぶお父さんこそ愚か者です」

父親はその場に立ちすくんだ。

「賢きスジャータよ。すべてのものは移りゆくものである、ということにいま気がついたよ」

智慧ある者、憐れみ深き者は、スジャータが父を救ったように、人々を悲しみの淵から救う。

よみがえったサーマ

サーマ少年（釈尊の前生）の両親が、毒蛇の吹きかけた息によって失明する。サーマは悲嘆にくれる。しかし、賢い彼は「二人のお世話をしてあげられる」と、すぐに気を取り直し、涙を笑いに変える。それ以来、食事の準備や身体を洗うことなど、かいがいしく両親の世話をする日々が続いた。

サーマが水を汲みにやってきたある日のこと、突然、彼を不幸が襲った。鹿狩りをしていたカーシー国の王が放った毒矢に、サーマが撃たれてしまったのだ。

「王よ、私が死ねば目の不自由な両親は、広い森の中で私を捜し回ることでしょう」

サーマは王を罵ることもなく、瀕死の状態であっても両親を気遣う。そんな彼に王は感激し、自分が代ってサーマの両親を養っていこうと約束する。サーマは意識を失う。

王はサーマの両親のもとへ行き、自分のせいでサーマを死なせてしまったことを正直に告白する。両親は王を許し、横たわるサーマのところへ案内される。

もの言わぬ息子を見て、両親は嘆き悲しんだ。真実の言葉によって息子の毒をなくしてやろう。母親はサーマの胸に手をおいてそう考え、真実を語った。

サーマジャータカ（サーンチー第１塔西門支柱　１世紀頃）

鹿狩りにきていた王の放った矢が、サーマに命中する。画面左下、川に横たわる人物がサーマ、その上で弓を持っている人物が王。画面右上に二つの建物があり、その前に坐る人物がサーマの父と母。サーマ少年の孝行を讃えるためであろうか、水甕をかかえたサーマを大きく表現し、その左に合掌する王の姿を表現している。サーマは中国の二十四孝の一人にも数えられている。

サーンチー第一塔西門全景

仏塔の東西南北に立つ塔門には裏表あますところなく浮彫彫刻が施され、主題のほとんどは仏教説話である。塔門は日本の鳥居に似ており、二本の支柱と三本の横梁から成る。西門支柱の中ほど、両手を挙げた鼓腹の者は、守護神のヤクシャ（夜叉）である。

「サーマは清らかな行いをなしました。嘘をつくこともありませんでした。年長の者を常に敬い、両親を養っていました。この真実の言葉によって、毒がなくなりますように」

父親も母親と同じ言葉を語り、さらに前世でサーマの母親であった天の女神も、真実の言葉を語った。

すると、奇跡が起こった。サーマが起きあがったのだ。サーマが元気になったばかりか、両親の目まで見えるようになった。

王は感動した。

「なんと素晴らしいことだ。人の道にしたがって両親を養えば、こんなことがおきる」

王はサーマに対し、静かに手を合わせるのだった。

一本の白髪

昔、ヴィデーハ国をマカーデーヴァ（釈尊の前生）という王が治めていた。正義を守るすぐれた王であった。

ある日、マカーデーヴァ王が散髪をしていた時のこと、

「王さま、頭に一本の白髪が」

理髪師は臆することもなく王にそう告げた。以前、自分の頭に白髪を見つけた時は、正直に知らせて欲しいと、王は理髪師に言ったことがある。

「すまないが、白髪を抜いてわしの掌に置いてくれ」

王がそう言うと、理髪師は王

ダメーク塔の繞道を巡る僧（サールナート）
出家といえば、お寺に入りそこで生活するという意味で使われるようになったが、本来は文字通り家を出ること。家を持たず、乞食によってのみ食を得る。『聖求経』というお経では、白髪まじりの釈尊が自分の若き日を回想して、出家の動機を語っている。出家した理由は、「聖なる求め」すなわち「悟り」を求めることであったという。

マカーデーヴァジャータカ
（バールフット出土　コルカタ・インド博物館蔵　前１世紀頃）
中央に坐っているのがマカーデーヴァ王。その左にいるのは理髪師。王の頭から引抜いた白髪を、王に手渡すところ。王の右側で合掌しているのは、王位を譲られることになる息子であろうか。

の頭から白髪を引抜き、それを王に渡した。白髪を手にすると、王は急に恐怖に襲われた。

まるですぐそばに死神が立っているような気がしたのだ。

なんと愚かであったのだ。一本の白髪にこんなにも恐れおののくとは。王は自分がなさけなくなった。全身から汗が流れ出て、衣服がぐっしょりと濡れてきた。

いまこそ私は出家すべきだ。

王はそう考えると、息子を呼んでこさせた。

「私の頭にとうとう白髪が出てきた。おまえは私の跡を継いで王位につけ」

これからは林に住んで修行者の生活に入る。王は息子に出家する決意を語った。王は理髪師によく肥えた土地を与えると、宮殿をあとにした。

家来たちが、宮殿を出て行く王に、どうして出て行かれるのか、と声をかけた。

白髪が生えてきたんだ。もう若くはない。白髪は死神の使者かもしれぬ。出家の時がきたのだ。

マカーデーヴァ王は、こうして出家の生活に入っていった。

「私が世俗から離れる決意をしたのは、

この世においてだけではない。前世においてもそうであったのだよ」
釈尊は弟子たちに、前の生涯にあったことを語り終えるのだった。

夫の危機を救うのは

ヴェーデーハ王に仕えるマホーサダ（釈尊の前生）は、賢者の誉れが高かった。王の出す難問に対し明解に答え、いつも智慧の尊さを力説していた。

名利に重きをおく他の大臣は面白くない。彼らは、何とか王とマホーサダの間をさいてやりたいと思っていた。さらに、大臣たちにとって面白くないことがある。マホーサダが最近、アマラーという美しくて聡明な妻を娶ったというのだ。

大臣たちは、マホーサダを陥れようと悪巧みを企てる。王が身につけている王冠や黄金のネックレスなどを盗み出して、その嫌疑をマホーサダに向けたのだ。

大臣たちは王宮に行って王に告げる。

「王さまの装身具はマホーサダの家にございます」

大臣たちの言うことを真に受けた王が、マホーサダを捕えるよう命令したので、マホーサダは一時妻の故郷に身を寄せる。

マホーサダがいなくなった。大臣たちはアマラーの気を惹こうとして、各人が彼女に手紙を書き、贈り

ヤヴァマジャキヤジャータカ（バールフット出土　コルカタ・インド博物館蔵　前1世紀頃）

碑文にYavamajhakiya jātaka（麦田中本生）の名がみえる。これはパーリ文献のMahaummagga jātaka（大隧道本生）の一部に相当する。図の上部中央、王が家来に囲まれて坐っている。向かって左下、二人の男が籠をかつぎ、その前で一人の男が籠の蓋を開けている。置かれている三つの籠の中には、三人の男が閉じ込められており、坊主頭の顔をのぞかせている。「彼らこそが泥棒です」と言っているかのように、一人の女性が籠の方を指さしている。彼女がアマラーである。特異なことに、この図ではアマラーが主人公で、前生の釈尊が表現されていない。

ヤクシー

（バールフット出土　コルカタ・インド博物館蔵　前１世紀頃）
古代インドで女性の理想的姿を表現するとき、モデルとされたのがヤクシーである。ヤクシーは樹木に宿る精霊で、そのために樹木とセットで描かれる場合が多い。図のように右手で枝をつかむポーズは特に愛好され、摩耶夫人が右手で木の枝をつかみ、右脇から釈尊を産むという発想も、ここに由来する。また、西域で盛んとなる樹下美人像の原型も樹下ヤクシー像に辿れる。

物をする。

しかし、アマラーはすべてお見通しだった。彼女は夫の嫌疑を晴らすべく、一計をめぐらす。

大臣たち一人ひとりに「お会いしたい」と返事を書き、それぞれに会う時間を指定した。のこのこやってきた大臣たちは、アマラーの計略にはまり、捕えられて丸坊主にされてしまう。

アマラーは大臣たちを引き連れて王宮に出向く。

「王さま、どうぞご自分の装身具をお取りください。そして、泥棒たちもお受け取りください」

ほどなく王はマホーサダを呼びよせて、マホーサダの言うことに耳を傾けるのだった。

賢者はおのれの幸福を目論んで、邪悪な行為をはたらくことはない。

ブーリダッタ

龍のブーリダッタ（釈尊の前生）は、華麗なる帝釈天の世界を見て、天上の世界に生まれ変わりたいと願う。そこで、心身を清める行を人間界でなそうと決意する。

彼は龍宮から出て、ヤムナー川の岸辺、蟻塚の上で蛇となり、とぐろを巻いて行に入る。夜明けに龍女たちがやってきて、彼に対し香や花で供養する。人間界での修行、龍女たちの供養が繰り返される日々がしばらく続いた。

ある日、龍女たちがブーリダッタを供養しているところへ猟師がやってくる。ブーリダッタは清浄な修行を邪魔されるのを恐れ、猟師を龍宮へ連れて行く。猟師は一年ほど龍宮で楽しむが、やがて飽きて人間の世界へ戻ってくる。

その猟師が再び、行をしているブーリダッタのところへやってくる。今度は蛇使いを連れて。蛇の姿のブーリダッタは、蛇使いの手に渡ってしまう。蛇使いは、彼を振り回したり打ちつけたり。

ブーリダッタは、これまでの清浄な行が台無しになってしまうのを恐れ、怒ることなくじっと耐えて、蛇使いのなすがまま。

龍王夫妻
（アジャンター石窟寺院第19窟　6世紀頃）
インドでキングコブラを神格化したものを、ナーガと呼び、その漢訳が龍で、龍は夜叉（ヤクシャ）と並ぶ代表的な仏教の守護神である。仏伝やジャータカでは、代表的な龍王が活躍する。この図の中央にいるのが龍王で、片足を膝立てした大王坐で坐っている。頭の後ろには、七頭の蛇からなるフード状のもの（龍蓋）を付けている。向かって右にいるのが龍妃で、やはり片膝を立てて坐っている。向かって左側に立っているのは、龍妃の侍女であろう。

「さて、お立ち会い。龍の踊りをお目にかけましょう」

蛇使いは、人前でブーリダッタを籠から出して踊りをさせ、金を儲ける。村々を興行して回り、ついには王宮で踊らされることに。

当日、ブーリダッタはしつらえられた観客席を見ると、急に踊れなくなる。龍は親族の前では踊れないという習性がある。観客の中に、苦行者の格好をした兄がいたのだ。兄はブーリダッタを蛇使いの手から奪い返す。

無事に龍宮に帰ることのできたブーリダッタは、一カ月も籠の中にいたので、疲労から病の床に伏せってしまう。龍のなかには、ブーリダッタを蛇使いに売り渡した猟師の奉ずる宗教を讃える者がいた。ブーリダッタは起きあがり、誤ったものの考え方をしている龍たちの前で、教えを説く。

「殺生と救いを結びつける宗教、真実ならざる教えを説く宗教、仕事で人間を差別する宗教、それらが真実の宗教といえようか」

ブーリダッタジャータカ

（アマラーヴァティー出土　アマラーヴァティー博物館　2、3世紀頃）

図の中央下に一匹の蛇が見える。この図は、蛇使いが人々の前で蛇となったブーリダッタに芸をさせているところと思われる。チャンペッヤ龍王の話（32頁）にも同じような挿話があり、あるいはチャンペッヤジャータカを表現しているのかもしれない。南インドのジャータカ図には、龍（ナーガ）が自分の身を厭う話がいくつかある。ブーリダッタジャータカは、龍が天界に生まれることを希む話であるが、天の世界を見てそこに生まれんと願い行をつむ、といったように、「見」→「願」→「行」の流れが見てとれるのは興味深い。なぜなら、大乗の菩薩はまず仏を見て、衆生救済の願をたて、修行をする、といったように、菩薩には「見仏」→「誓願」→「修行」といった流れが根幹にあるから。

箱の中

昔、ヒマラヤに住んでいた鬼神が、美しい女性に一目惚れした。彼女を自分だけのものにしたい。鬼神は彼女を娶ると、箱の中に入れ、箱を飲み込んでしまう。妻を大切にしようと、腹の中で女を保護することにしたのだ。

ある日、水浴びがしたくなった鬼神は湖に行く。箱を吐き出して久しぶりに女を外へ出し、身体を洗ってやる。鬼神は女から離れ、自らも沐浴をした。その時、空中に一人のまじない師。その男を目にした女は「こちらにいらっしゃいな」と、手まねきする。女はまじない師を箱の中に入れ、箱の上に坐って、鬼神を待つ。何も知らない鬼神が戻ってくると、女は自分で箱の中に入って、まじない師の上へ身体を横たえる。箱の中に男がいることも知らずに、鬼神はまた箱を飲み込む。

鬼神は帰る途中で、修行者（釈尊の前生）に挨拶をしていこうと思い立つ。鬼神がやってくるのを見た修行者は、「そこのお三人さん、どうぞこちらにお坐りくだされ」。

それを聞いた鬼神は怪訝な顔をする。「お三人さん？　おかしなことをいうもんだ。あの修行者は気が変になったのだろうか」と。

サムッガジャータカ（バールフット出土　コルカタ・インド博物館蔵　前1世紀頃）
鬼神の妻とまじない師が箱から出てきたところが表されている。ターバンを巻きつけているまじない師の表現がリアルである。右上に四角いものがみえるが、二人の入っていた箱であろう。男女のカップルを描いてはいるが、これはあくまで説話図であって、インド美術に頻出するミトゥナとは趣を異にする。

ミトゥナ（ボード・ガヤー　前1世紀頃）
ヒンドゥー寺院には男女一組（ミトゥナ）の像を表現することがしばしば行われたが、仏教寺院とて例外ではなかった。禁欲を戒める仏教本来の立場からすれば異様にみえるが、本図のように、仏塔を荘厳するミトゥナの事例は少なくない。その意味することは、いまだによくわかっていないが、仏塔の有する多産豊饒の観念と無縁ではあるまい。

「私は一人でここへやってきたのに、どうしてお三人さんと言われるのですか」

修行者は神通力で鬼神の腹の中を見通すことができたのだ。修行者は鬼神に見たままを告げた。

腹の中で可愛い妻が他の男と楽しんでいる？　鬼神はショックを受けた。しかも、その男はまじない師というではないか。もし男が剣を持っていれば、腹を切り裂いて逃げ出すかもしれない。恐れをなした鬼神は、箱を吐き出した。

するとどうだろう。修行者が言ったように、箱の中で妻と男が楽しそうにしているではないか。「邪な女め。浮気女と関われば身の破滅」

「あなたのおかげで事が明らかになった」

鬼神は、全てを見通す力を持った修行者に頭を下げた。そして、節度ある生活をしようと誓って、一人で森に帰っていった。

盗まれた蓮根

賢者マハーカンチャナ（釈尊の前生）は、父と母が亡くなった後、六人の弟と一人の妹、それにお付きの者数名と共に出家する。ヒマラヤに入って、蓮池の近くに庵を結び、木の根っこや果実を食べて暮らしていた。

インドラ（帝釈天）を乗せる象
（バージャー第19窟　前2世紀）
インド美術には象がしばしば登場する。仏伝図では釈尊が摩耶夫人の胎内に入ることを表現した「白象降下」、提婆達多の策略を打ち砕く「酔象調伏」などが名高い。ジャータカ図では六牙象の話のように、象が主役をなす場合がある。象が乗物となることもあり、本図はインドラが象に乗っているところである。雨雲を象徴的に象で表現したのではないかともいわれている。71頁の写真に出る象とは別物である。

ビサジャータカ

(バールフット出土　コルカタ・インド博物館蔵　前1世紀頃)
修行に専念する者たちには動物たちも手を合せた。マハーカンチャナの蓮根が盗まれたことをめぐって、兄弟たちが集まったとき、一頭の象と一匹の猿がその場に居合わせた。象と猿は気高き兄弟たちを礼拝し、その場の成り行きを静かに見守っていたのである。向かって左にいる人物がマハーカンチャナ、その隣にいる女性は彼の妹か。中央に帝釈天、そして、そのそばに猿と象が表現されている。

「欲するままに皆が勝手に果実を手に入れるようでは、出家した意味がないではないか」

マハーカンチャナがそう言うと、弟の一人が、我ら弟たちが順番で果実を採ってくることにしましょう、と言って、一同の同意を得る。それからというもの、弟たちが順番に果実を採って、それを石板の上にきちんと並べ、鐘の合図で皆に知らせ、各人がそれぞれ自分の取り分を取るという生活がスタートした。そのせいで、彼らは修行に打ち込むことができた。彼らの修行の威力は、帝釈天の宮殿を動かすほどだった。

「彼らが欲望から自由になっているかどうか試してやろう」

ある日、帝釈天は、石板に並んだマハーカンチャナの蓮根を盗んだ。彼は弟の蓮根を欲しがるに違いない、と帝釈天は期待した。

欲望を離れる生活に盗みがあってはならない。マハーカンチャナは弟たちを呼び出して、自分の食料について問い質す。確かに兄の取り分はあったはず。では、誰が盗んだのか？

兄弟喧嘩が始まると思いきや、めいめいが身

の潔白を証明するために、誓いの言葉を言い始めた。マハーカンチャナも自分が嘘をついていると皆に思われてはいけないので、蓮根がなくなったことは真実であるとの誓いをなした。

その力強い誓いに引きずられて、帝釈天が姿を現し、自分が食料を盗んだことを告白する。それにしても、人の欲しがるものをこれらの修行者はどうして求めようとしないのか、帝釈天には不思議だった。

「美味しい食べもの、巨額のお金や土地、名声などにあなたたちはどうして関心を示さないのか」

マハーカンチャナは答えた。

「人は諸々の欲望に酔いしれて、心を乱し、悪をなす。欲が苦しみと恐れを生む。だから、自分たちは欲望から離れる生活をするのだ」

と。

鶉の報復

昔、ヒマラヤのふもとに象が群れをなして住んでいた。ある時、一羽の鶉《うずら》が象の歩き回るところに卵を産んだ。雛《ひな》がかえると、鶉は象王（釈尊の前生）に

「どうか、私の子どもたちを踏みつぶさないでください」

と頼んだ。象王は「私が、お子さんたちを守ってあげよう」といって、自ら雛の上に覆いかぶさり、他の象が通り過ぎるのを待った。雛が無事であることを見届けると、象王は立ち去った。

しばらくすると、また一頭の象がやってきて、母鶉が同じように、「殺さないで」と頼んだ。ところが、この象は無慈悲にも雛を足で踏みつぶし、小便で流してしまった。木の枝にとまっていた母鶉は怒り心頭に発し、報復を誓う。

ある日のこと、母鶉は悪象をこらしめるために、鴉《からす》に協力を乞う。

「鴉さん、あの憎き象の眼をあなたの嘴《くちばし》でつぶしてくれませんか」

鴉は喜んで引き受けた。次に、母鶉は蝿《はえ》に協力を乞う。

「蝿さん、鴉さんが象の眼をつぶしたら、そこに卵を産みつけてください」

ラトゥキカージャータカ（バールフット出土　コルカタ・インド博物館蔵　前1世紀頃）
下半部に、鶉の雛を踏みつぶして歩みを進める象を、左から右へ連続して描いている（左下は欠落）。木の枝に母鶉がとまっている（図のほぼ中央）。悪象をこらしめるために、鴉が象を攻撃し（図の左上、象の頭上）、蠅が象の眼に蛆を産みつけ（図の左上、象の眼）、蛙が鳴いて（図上部）、象を山上におびきよせる。最後に象が崖から転落してしまうところが、図の右上に表現されている。

蝿も喜んで引き受けた。

次に、母鶉は蛙《かえる》に協力を求める。

「蛙さん、象の眼が見えなくなって、水を欲しがったら、山の頂上で大きな声で鳴いてください」

蛙も喜んで引き受けた。

さて、作戦を決行する日がやってきた。まず、鴉が象の両眼を嘴でつぶした。続いて、蝿が眼に卵を産みつけると、眼に蛆《うじ》がわき、象は痛みで大声をあげた。象はすぐに喉が渇き、水を求めて歩き回った。そこへ、蛙の鳴き声。象は蛙の鳴く方へと、山を登る。蛙は鳴きながら崖の方へ移動し、象を誘い込む。そして、とうとう象は崖下に転落し、死んでしまう。

この死んだ象こそは、釈尊を亡きものにしようとしたデーヴァダッタ（提婆達多《だいばだった》）の前世の姿であるという。

酔象調伏
（アマラーヴァティー出土　チェンナイ州立博物館蔵　2世紀頃）
この図像には、デーヴァダッタが酔っぱらった象をけしかけて釈尊を殺そうとした話が表現されている。画面左には酔象が街中を暴れ狂う様子、右側には釈尊の前で酔象がおとなしくなり、ひれ伏しているところがみてとれる。仏伝図の中の傑作の一つ。

牝猫の誘惑

昔、ある森の中にどう猛な一匹の牝猫《めすねこ》が住んでいた。

牝猫は森にいる鶏《にわとり》をあらかた食べてしまい、一羽の賢い鶏（釈尊の前生）だけが生き残っていた。牝猫はその最後に残った鶏もなんとか誘惑して、その後で食べてやろうと思っていた。

ある日のこと、鶏がとまっている木のところへ牝猫がやってくる。

牝猫は媚びるように、鶏に話しかける。

「あなたのトサカはなんて素敵なの。どうぞ、下に降りてきて。私はあなたの奥さんになりたいの」

孔雀

（バールフット出土　コルカタ・インド博物館蔵　前1世紀頃）

ストゥーパに表現された鳥の中で、仏典にもなじみが深い鳥に孔雀がいる。長い羽を扇のように広げる孔雀は古くより愛好され、信仰の対象ともなっていた。とりわけ、毒蛇を孔雀が食べるという言い伝えは、仏典にも取り上げられており、三毒（貪欲・瞋恚・愚痴）を消除する智慧（明）と毒を除くという孔雀のもつ特性が結びつき、やがて、孔雀明王という尊格を生むに至る。

鶏は、牝猫のおだてなどにのりはしない。木の上から牝猫を冷たい視線で見つめる。牝猫が自分の仲間を食い殺したことを、鶏はとうに見抜いていた。

「あなたの足は四本、私の足は二本。獣と鳥が一緒になるもんじゃありません」

鶏は牝猫の言葉をやんわりと受け流す。すると牝猫は、鶏をなんとか誘惑しようとますます必死になる。

「私はあなたと甘いささやきを交わしたい。ただ、それだけなの。私をやさしく受けとめて」

鶏は考えた。この牝猫は、やさしく言って聞くような相手じゃない。ここはひとつ驚かしてやろう。

鶏はかっと大きく目を見開き、牝猫をにらみつけて、こう言った。

「私をたぶらかそうたって、そうはいかない。鳥を食い殺すお嬢さん。とっとと消え失せろ」

鶏にどなりつけられた牝猫は目を白黒させて、その場から逃げ出した。そして、二度と再び、鶏の前に現れることはなかった。

＊　＊

事態を把握できない男、そういう男を悪女が見かけると、猫が鶏にしたようなやり方で男を誘惑する。そして、男は破滅する。

自分が置かれている状況を正しく理解している賢者は、鶏が猫にしたように、すばやく窮地を脱することができる。

クックタジャータカ

（バールフット出土　コルカタ・インド博物館蔵　前1世紀頃）

木の上にいる鶏を、下から牝猫が見上げている図。波状に描かれた蓮華蔓草の区画の中に本図はある。猫の上には、何やら得体の知れないものがぶらさがっている。これは如意の蔓といって、望みのものを何でも与えてくれる蔓草である。如意の蔓からネックレスやブレスレットといった装身具が出ているケースが多い。ストゥーパには、このように現世的な願望を表す装飾文様が非常に多く、説話図の中だけでなく、単独で表現される場合もある。仏の般涅槃を象徴するストゥーパに欲望の端的な表現があるということ、このことはストゥーパ信仰をみるうえで見逃せない点である。

王子の出家

なかなか子どもに恵まれなかったカーシー国の王様に、やっと子どもができた。その王子（釈尊の前生）は前世の記憶を持っており、恐怖におののくようになった。というのも、この王子は以前にもこの王国に生まれ、そののち地獄に落ちて八万年苦しみ、こうしてまた同じ王国に生まれたのだった。

今も父王は盗賊を串刺しの刑にして、悪業をつんでいる。自分が国を治めるようになったら、父王と同じ行いをして、きっとまた地獄に落ちる。王子は恐怖に震えた。

どうすれば、王にならなくてすむだろう。

「あなたが王としてふさわしくないと皆に思わせればいい」

と、王子は女神から助言を受ける。それ以来、王子は誰の言うことにも耳をかさないで、ベッドから動こうともしなかった。

無関心をよそおう王子に、王はおもちゃやおいしい御馳走といった子どもの喜びそうなものを、次々と与える。しかし王子はどんなことをされても、十六年間沈黙を貫き通した。

「王子はこのままでは国に災いをもたらしますぞ。森の死体置場にお捨てになるがよろしかろう」

ムーガパッカジャータカ（バールフット出土　コルカタ・インド博物館蔵　前１世紀頃）
左上から、時計回りと逆方向に話が展開する。まず、左上に見られる建物は王宮で、その前にお伴を連れた王が赤ん坊の王子を抱いている。その下には死体置場へ向かう四頭だての馬車が表されている。右下に二人の男。右側が土を掘っている御者、その御者の背中に王子が声をかけている。右上、木の前で説法する王子に対して人々が合掌をしている。

スーリヤ
（ボード・ガヤー欄楯浮彫　前1世紀頃）
79頁写真に四頭だての馬車がでているが、四頭だての馬車に乗るインドの神といえば、太陽神スーリヤである。このボード・ガヤーの浮彫では、四頭の馬はみな前足を蹴上げ二頭ずつ側面向きに表現されている。車の中央にいるのがスーリヤで、両側に弓を引く女神を従えている。

占い師は王にそう告げると、王は一人の御者に、王子を死体置場に捨ててくるように命じた。

ついに地獄行きから逃れられる。王子は十六年間の労苦が報われることを、死体置場に向かう馬車のなかでひしひしと感じた。

御者が森に着いて、穴を掘ろうとしたところで、王子は御者にこれまでのいきさつを話し、出家の決意を語った。

「王位について敵と争うような人生などなんになろう、出家して恐れなき人生を歩もう」

御者は王と王妃のもとに引き返して、王子がこれまで演技をしていたことや出家の決意をしていることを告げる。

王は王子のもとに出向いて、王位につくよう説得するが、王子は富を求めることのむなしさなどを王に対して説く。やがて王までが出家を望むようになり、王子のもとで大勢の人たちと出家した。

ニグローダ

昔、二頭の黄金色をした鹿が森に住んでいた。一頭をニグローダ（釈尊の前生）といい、もう一頭をサーカ（提婆達多の前生）といった。共に五百頭の鹿を率いていた。平和な森――。

しかし、都の王は鹿狩りが大好きで、鹿の肉が大好物。都に住む人びとが森の鹿を広場に集めてからというもの、王は毎日一頭ずつ矢で射ては、殺した鹿の肉を食べるのだった。ただし、二頭の黄金色をした鹿だけは殺さない。

ある日、ニグローダがサーカに言った。

バンヤン樹（榕樹）

このジャータカの主人公である鹿の名前ニグローダとは、パーリ語でバンヤン樹のことである。枝や幹から多くの気根が出て、それが地に達するとまたそれが樹になるといったように、一株で小さな林を形成することで名高い。菩提樹と同様に聖なる樹で、仏典にしばしば出てくる。さとりを得た釈尊が、七日間菩提樹の下でさとりの楽しみを味わった後に、移動したところがアジャパーラニグローダ樹で、そこでも七日間解脱の楽しみを味わったとされる。梵天の勧めで釈尊が説法の決意をしたのも、ニグローダ樹の下であったという。

「矢で殺されるのはたまらない。いっそのこと首を切られて死のうではないか」

サーカも同意し、今日はニグローダの仲間、明日はサーカの仲間といったように順番を振り当てた。

ある日のこと、サーカの仲間の妊娠した牝鹿の番がきた。その牝鹿はサーカに言った。

「順番を当てるのは子どもを産んでからにしてください」

サーカは拒絶した。牝鹿はニグローダのところに行って、同じように頼んだ。ニグローダはうなずいた。ニグローダは自らすすんで料理人の前に行き、体を横たえた。

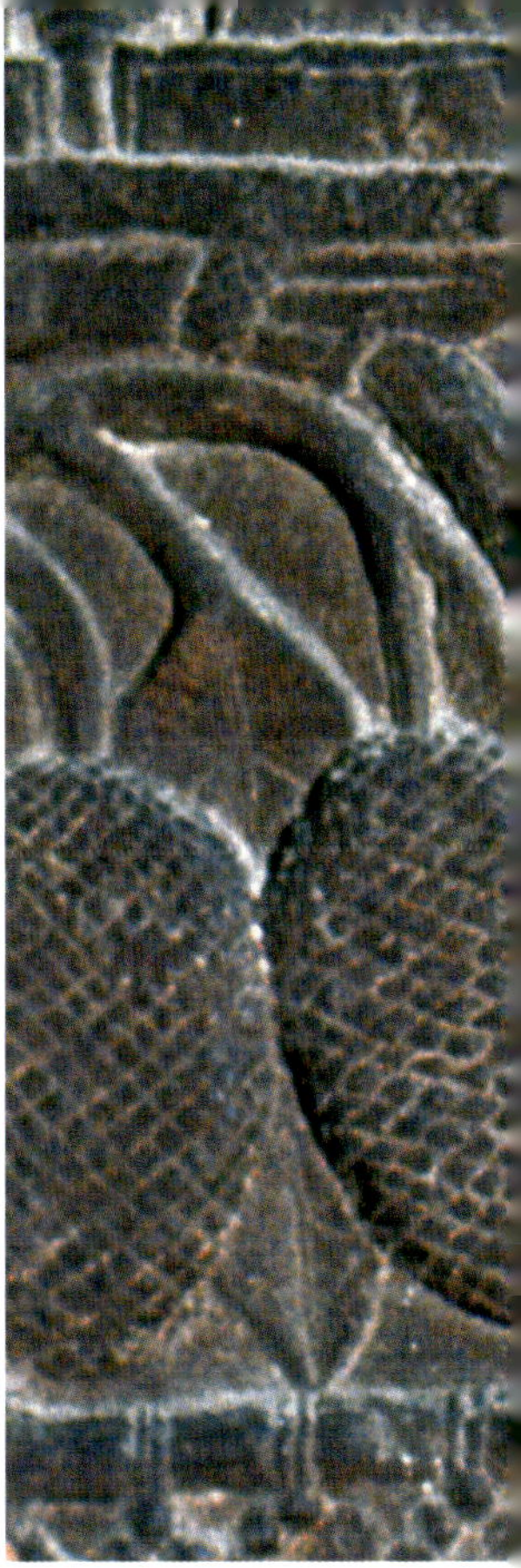

ニグローダミガジャータカ

（バールフット出土　コルカタ・インド博物館蔵　前１世紀頃）

一頭の鹿と手に斧をもった男が表現されている。妊娠した牝鹿の身代わりとなって命を捧げる決意をしたニグローダが、料理人の前にやってきたところである。鹿は前足を首切り台にのせている。物語では鹿のこの行為が慈悲深いものと賞賛される。

料理人は驚いた。王が生かしておくようにといった鹿ではないか。王がすぐにとんできた。

「おまえは死なずともよいのだ。どうしてこんなことをする」

「妊娠している鹿が、順番を変えてほしいと言ったのです。だから、私が身代わりとなったのです」

王は感動した。このようなあわれみ深い者は、人間の中にさえも見たことはなかった。

「わかった。おまえとその牝鹿は生かしてやる」

王がそう言うと、ニグローダはさらに続けてこう言った。

「私たちは殺されなくてすんだ。他の鹿たちはどうでしょう」

王は他の鹿についても命の保証をした。さらに王は鹿だけでなく、他の動物たちの安全も保証した。

さて、数日後。平和が戻った森。あの牝鹿から生まれた子鹿がサーカの方へ近付くと、母鹿の声が森にこだました。

「め！　ニグローダの方へ行きなさい」

襲われかけた猪

ある森の中に多くの猪《いのしし》が住んでいた。そこにタッチャという見知らぬ猪がやってきた。

猪たちが言うのには、この辺りに虎《とら》が出て、今日も仲間が一匹殺されたと言う。

「われわれにも牙があるではないか。力を合わせれば虎に勝てる」

戦いに巧みで勇敢なタッチャは、猪たちのために作戦をたてた。グループに分かれ、陣をひき、虎をおびきよせ、穴に落とす作戦だった。

夜が明けた。山の頂上に虎が見えた。猪たちは身構えた。

「恐れるな。いいか、虎がすることを真似るんだ」

タッチャにそう言われた猪たちは、虎が吠えると、同じように吠えた。虎がしゃがみこむと、同じようにしゃがみこんだ。

虎は面食らった。タッチャと目が合うと思わず後ずさりした。虎は、すみかにしている詐欺師の修行者のところに戻っていった。

「どうした。今日の獲物はゼロか。牙でもなくなったか」

猪に化身したヴィシュヌ
（コルカタ・インド博物館蔵）
仏典ではあまり猪が活躍する話は多くないが、ヒンドゥー教の方では、猪はヴィシュヌ神にまつわる神話のなかで重要な役割を担って登場する。神話によれば、ヴィシュヌが猪に姿を変え、水にもぐり、牙で沈んでいた大地を持ち上げ、人類を救ったという。この作品はその神話を表現したもので、猪の左腕には大地の女神（頭部を欠く）が表されている。ちなみに、インドではブッダ（釈尊）もヴィシュヌの化身と考えられている。

「猪たちが力を合わせ、心が一つになっているのを見て、つい……」

臆病になっている虎を見て、詐欺師の修行者はこう言った。

「おまえは自分の力をまだ知らない。やつらが団結しても、おまえにかなうもんか。さぁ、行け」

虎は再び山頂に立った。全速力で山をかけ降り、タッチャに飛びかかった。タッチャはすぐ後ろ向きになり、浅い穴に身を隠した。勢いのついた虎はそのまま前に突進して、深い穴に落ちてしまった。タッチャはすぐさま虎を牙でひと突きし、肉を引き裂いた。

虎が負けた。他の猪たちは唖然とした。さらにタッチャは、猪をひきいて虎をあやつる詐欺師の修行者のもとに歩みを進めた。

ほどなくすると、猪たちがイカサマ修行者を食べる音が森の中に響き渡った。

「有り得ないことが起きた」

一部始終を見ていた樹神（釈尊の前生）が呟

タッチャスーカラジャータカ(?)
(バールフット出土　コルカタ・インド博物館蔵　前1世紀頃)
一頭の猪が二匹の豺に襲われている。中央に立つ人物が、けしかけているように見える。本文で紹介したジャータカでは猪は虎に襲われかける。それも一頭の虎が襲う話である。この図では襲っている動物はとても虎には見えない。ジャータカそのものを図像化したものではないだろう。しかしある人物がいて、猪を襲わせるモチーフは共通する。猪にまつわる別の話があって、それからジャータカの話へと展開したのかもしれない。ジャータカに素材を提供した民間説話と解しておく。インドの美術にはこのような解明されていない説話図が意外と多い。

いた。
「皆が心を一つにして力を合わせれば、
どんなことにもたちうちできる」

浮気した王妃

昔、美男の誉れ高いカンダリという王がいた。王妃の名前はキンナラー、これまた美女で、二人は睦まじく暮らしていた。

しかしある日のこと、キンナラーが窓から外を見ると、醜悪な男が目にとまり、あろうことか、その男にひとめ惚れをしてしまう。

夜中、カンダリが寝静まってから、キンナラーは樹によじのぼって、枝をつたって下に降りた。樹の下で、彼女は醜男に身をまかせた。それからというもの、毎日、彼女は男と情事を重ねたが、カンダリはそのことに全く気付かないでいた。

礼拝する女性たち

（アマラーヴァティー出土　チェンナイ州立博物館蔵　２世紀頃）

南インドの仏教遺跡から、女性が仏陀の象徴物に対して合掌礼拝する図が多く出土している。これもその一つで、中央の仏足石に向かって、４人の女性が合掌礼拝している。碑文にも寄進銘に女性の名前が少なくない。仏教が女性を蔑視していたとするならば、このような図像が果たして造られたであろうか。

ある日、カンダリが木陰に横たわっている醜男を見て、こう言った。

「どんな女がこのような醜い男の相手をするのだろう」

醜男は得意になった。王様の奥さんが相手だよ、心の中で呟いた。醜男は樹木に手を合せて、あなたは事の真相をご存知ですよね、と樹神に話しかけた。

その言葉を聞いたカンダリの付き人（釈尊の前生）は、カンダリに醜男がキンナラーと通じていると耳打ちする。

カンダリは呆然とした。その夜、キンナラーの後をつけると、果たして妻が本当に浮気をしている。パチンと音がした。醜男がキンナラーに「来るのが遅い」と平手打ちを食らわせたのだ。耳飾りがカンダリの足元に転がってきた。すぐに二人が目の前で甘い言葉をささやきあうのを聞きながら、カンダリは耳飾りを拾いあげた。

翌日、カンダリはキンナラーに自分が与えた飾りものをすべて持ってこい、と命じた。

「耳飾りが片方しかないようだが」

カンダリはそう言って耳飾りをキンナラーに投げつけると、この女の首をはねろ、と怒鳴った。

付き人は王を懸命に制し、罪をなした女性の事例を挙げながら、女性の本性について王に語った。

付き人に説きふせられたカンダリはキンナラーを許し、王宮から彼女を見送った。

カンダリジャータカ（またはクナーラジャータカ）
（バールフット出土　コルカタ・インド博物館蔵　前1世紀頃）
一組のカップルが一見仲睦まじそうに表現されている。女性が右手を男性の肩におき、二人の左手には鳥がとまっている。子細にみると、男は右手でイヤリングらしきものを持っており、男はこれから浮気した妻を詰問する緊迫感を漂わせている。
ジャータカ本文には「悪いのが女性の本性」という言葉があるが、ジャータカには女性蔑視の表現が極めて多い。これは、民間説話を巧みに取り込んだジャータカが、男性出家者を対象に説かれていたことと関連する。男性出家者にとっては、女性は近づいてはならない存在であり、乗り越えねばならない欲望の対象であった。古代インドの社会通念としてあった女性蔑視の表現を受け入れた背景には、男性出家者における性の超克という問題があったのである。伝わってはいないが、女性教団の伝承には「悪いのが男性の本性」という表現が当然のことながらあったはずである。経典にみえる差別的表現は、常に経典全体の編纂意図と関連させて考える必要がある。表現を額面通りに受け取って、仏教を「性差別する宗教」と規定するのは余りに早計であろう。

サンカパーラ龍王

蛇身の龍王として生まれたサンカパーラ（釈尊の前生）は、最近気分がすぐれない。「前世のように、また人間に生まれ変わりたい」、そう思う日が続いていた。身を慎む行を行えば、また人間に生まれ変われる。

龍宮を出たサンカパーラは、蟻塚に身を横たえ、自分を布施として差し出す行をした。

「どなたでも、私の肉が必要な方はどうぞ持って行ってください」

ある日、獲物を捕れなかった十六人の猟師がサンカパーラに気づき、串刺しにした。

身体に激痛が走った。サンカパーラはどのような仕打ちにあおうとも、怒ったりしないことを心に誓う。

猟師たちはサンカパーラの鼻に串をつき刺し、縄を通して尾に結びつけ、天秤棒でかついで歩を進めた。

その時だった。五百台の車を引き連れた一人の商人が通りかかったのは。商人は猟師たちに牛と金目のものを与え、サンカパーラを助けた。

商人には、サンカパーラの行為が初めのうちわからなかった。天の世界に生まれ、限りない欲楽にふけられる龍王がどうして、このような馬鹿げたことを行うのか。

商人はサンカパーラに連れられ龍宮に行き、そこで一年を過ごした。飲食のもてなし、多くの美女、龍

サンカパーラジャータカ

（アジャンター第1窟左廊　6～7世紀）

剥落が多く判然としないが、向かって左上にコブラ（龍王）が大きく描かれ、その周囲にコブラを打とうとしている数名の男たちがいる。前方に描かれている牛は、商人が男たちに差し出したものと解せる。コブラが猟師から助け出されるところであろう。

エーラパタ龍王説話
（バールフット出土　コルカタ・インド博物館蔵　前１世紀頃）
龍（ナーガ）は古くより仏教と関係をもつ。釈尊の一生にはさまざまな龍王が登場するし、仏塔信仰にも大きく関わる。ジャータカには、サンカパーラジャータカのように、自分の身を厭う龍王の話は他にもあるが、仏伝ではエーラパタ龍王説話がこの種のモチーフを伝えている。わが身を厭うエーラパタ龍王が、ある詩の真意を尋ね歩き、ついには釈尊に出会い、教えを受け、人間に生まれ変わる。菩提樹下の台座に向かい合掌している者がエーラパタ龍王。碑文に「エーラパタ龍王が世尊を礼拝する」とある。「仏陀なき仏伝図」の代表作の一つ。

宮には欲を満たすもので溢れていた。

その満ち足りた生活をこの龍王は捨てて、人間に生まれ変わりたいという。なぜか、商人はサンカパーラに尋ねた。サンカパーラは答えた。

「人間世界だけに清浄の道が示されており、私はその道を歩みたいのです」

サンカパーラは、財宝が意のままに出る宝珠を、別れ際、商人に渡そうとした。

商人は、財宝を求めることよりも価値あることがあるということを知り、思わずサンカパーラに言った。

「私に財宝など必要ありません。私も清浄の道を歩みたい。出家がしたい」

商人は智慧者に巡り遇えたことを喜び、龍宮を後にした。

ラーマ王子物語

「どうかバラタ王子に王位をお与えください」

ダサラタ王は、王妃のその頼みに激怒した。バラタ王子は確かに可愛い。しかし王には、先妻に生ませた二人の王子と一人の王女がいた。長男のラーマ王子（釈尊の前生）、次男のラッカナ王子、それにシーター姫である。

後継ぎをめぐって、血をみるようなことがあってはならない。ダサラタ王は三人を呼び、十二年の間、森の中に身を隠すように命じた。

ラーマが親代わりとなって、木の実で暮らす慎ましやかな生活が始まった。

九年が過ぎた。ダサラタ工が突然亡くなった。王妃は都でバラタを王位につかせようとしたが、大臣たちがそれを許さない。

無益な争いを嫌うバラタは考えた。ラーマを迎えて、王位についてもらおうと。バラタは軍勢を引き連れて森に出向いた。

バラタはラーマに、自分たちの父が亡くなったことを告げた。

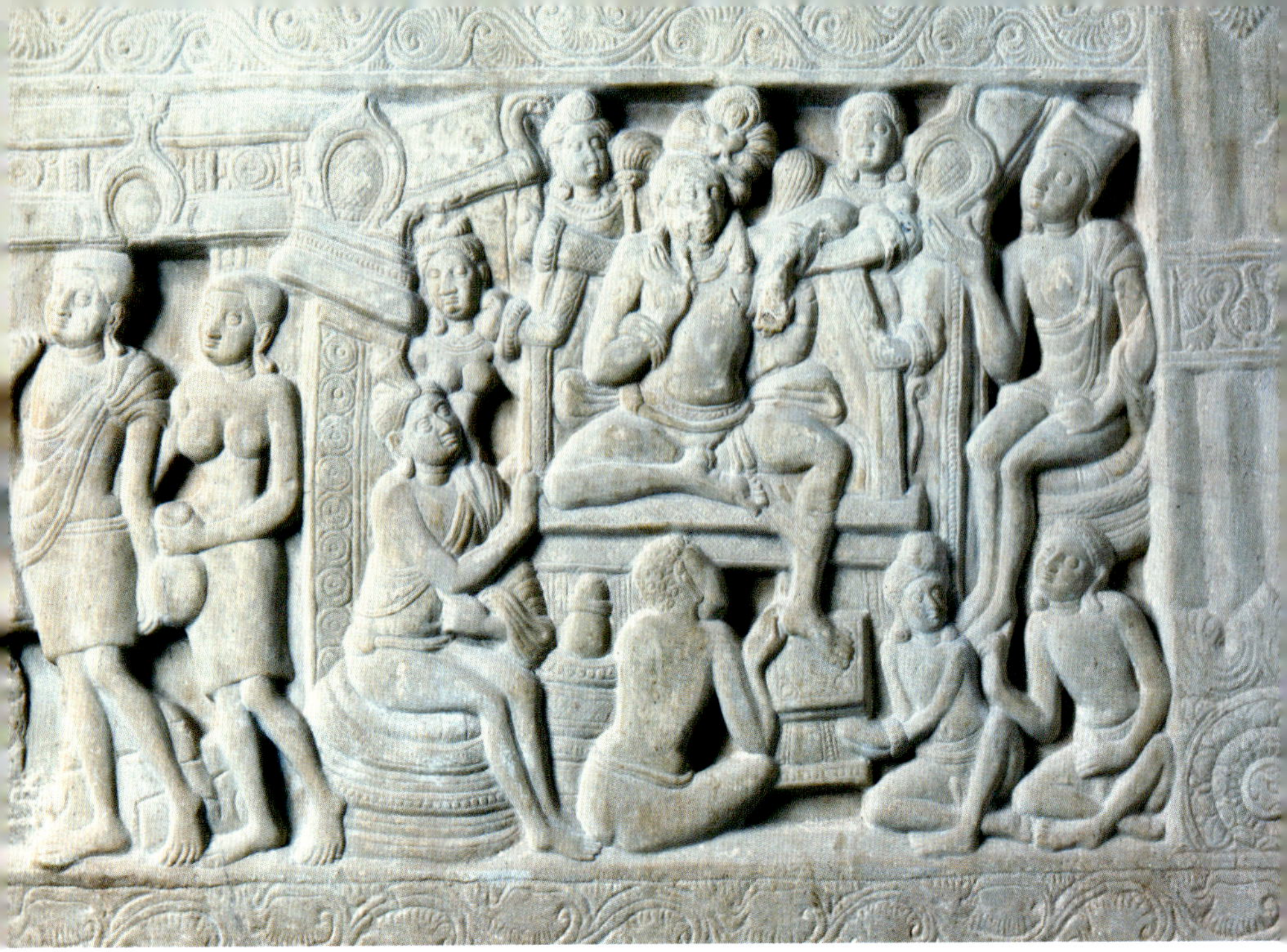

ダサラタジャータカ（ナーガールジュナコンダ　3世紀）
中央で、片足を下に降ろした格好で座っている人物がダサラタ王。おそらく占い師たちを呼んで、自分の寿命を尋ねているところと思われる。王はあと十二年の寿命と聞かされ、ラーマに十二年たったら帰ってきて王位につけと語る。向かって左に男女が描かれているが、森へと旅立つラーマと妹のシーターであろう。

父王が死んだことを知らされて、ラッカナとシーターは泣き崩れた。しかし、ラーマは泣くこともなければ、悲しみの表情さえも浮かべなかった。

バラタは不思議に思った。どうして、ラーマは悲しまないのか。ラーマは詩で応えた。

「すべての者は死へと赴く。朝には元気であったもののうち、ある者は夕にはもういない」

森の中に、無常の教えを説いたラーマの詩がこだまする。

「嘆き悲しんでも何も得るものはない。賢者は悲しみを追い払う」

ラーマの詩を聞き終わると、悲

ダサラタジャータカ（ナーガールジュナコンダ　3世紀）

94頁のパネルの上にこの図が表現されている。向かって左上、椅子に腰かけている人物がラーマ。バラタがその前で手を合せている。バラタがラーマに王位につくよう懇願しているところと思われる。頭に壺を載せている中央の女性は、外から帰ってきたシーター。その下、カゴに果物を盛っている女性もシーターであろう。壺を前にしたラッカナ（向かって左下）と共に、森の中で慎ましく暮らしていたところを併せ描いたものと解せる。このダサラタジャータカは、インドの国民的叙事詩「ラーマーヤナ」から採ったものである。

しみの涙にくれていた者たちは泣きやんだ。バラタはラーマに手を合せた。

「どうか、王位を受けてください」

ラーマは、十二年たてば国を治めろと自分に語った父王の言葉をバラタに教えた。

「あれから、九年。いま、私が国に帰ると父との約束を破ることになる。三年だけ待ってくれ」

三年が過ぎたとき、ラーマは森を出た。賢者ラーマによって治められたその国はみごとに繁栄をとげたという。

叱られたボス猿

祭りの太鼓の音が聞こえてきた。

国王の園林の世話をしている庭師は、仕事の手を休めた。

「さて、わしも祭りに行くとするか」

庭師は、仕事を園林に住む猿たちにまかせることにした。

「わしが戻ってくるまでに、苗木に水をやってくれないか」

庭師がボス猿にそう言うと、ボス猿は喜んで引き受けた。猿たちは、園林の果実や花を食べて暮らしているので、庭師には恩義を感じていた。

庭師は、水をまくための皮の水袋と木製の水差しを猿に渡して、祭りに出かけた。

ボス猿は猿を全員集めて、こう言った。

「諸君、我々は日頃世話になっている。感謝の気持ちを示そう」

続けて、ボス猿は水をまく要領を猿た

アーラーマドゥーサカジャータカ
（バールフット出土　コルカタ・インド博物館蔵　前１世紀頃）
二匹の猿と一人の人物が表されている。中央の猿は坐って、引き抜いた苗木の根を見ている。その横には、水を入れた袋をかつぐ猿。そうした猿たちを見て、一人の男が猿たちに語りかけている（向かって左）。賢者にちがいない。

ちに指示した。ボス猿が指示した内容はこういうものだった。
水は大事に使わなくてはならない。そこで苗木に水をまくには、まず木を一本一本引き抜いて、根を調べていく。根が深くはっているものには、多くの水をやり、深くはっていないものには、水は少

蜜をささげた猿
（サーンチー大塔北門
1世紀頃）
仏典に登場する猿の中には、釈尊に蜜をささげた猿もいる。この「仏陀なき仏伝図」では、釈尊を菩提樹下の台座で表現しているが、図の中央で、猿が蜜の入った鉢をささげている。向かって右には、鉢を受けとってもらえ、小躍りして喜んでいる猿の様子を表す。すべてのものを慈しむという仏教の教えは、動物までが釈尊に布施をするという話を生んだのである。

なめにする。

さっそく、猿たちは作業にとりかかった。猿たちはボス猿の言う通りに、苗木を一本一本引き抜いていった。

その時、一人の賢者（釈尊の前生）が猿たちの行動を見て不思議がっていた。

「これこれ、猿たちよ。どうして、苗木を引き抜いて水をまくのかね」

賢者がそう言うと、猿たちは声をそろえて答えた。

「ボスがこうしなさいと言ったんです」

ああ、なんということを。このままでは苗木は台無しになってしまう。賢者はあきれはてて、ボス猿を呼び、叱りつけた。

「どんなにためになることでも、智慧を伴わなければなんにもならない」

母を養う白象

昔、全身が真っ白な象（釈尊の前生）がいた。その母親は目が見えず、白象が森の中で養っていた。

ある日、一人の男が道に迷い、森の中に入り込んできた。白象は親切に男を森の中から出してやった。

その頃、都では王が乗り物とするにふさわしい象を探しているところだった。白象に助けられた男はそのことを知り、恩を受けたにもかかわらず、白象のことを王に告げた。

王はさっそく白象を捕えるために、その男を道案内にして、象使いを森に送り込んだ。

白象は悪い予感がしていた。しかし、何事が起ころうとも腹を立てることのないように、白象はそう思うのだった。

ほどなく、白象は象使いに捕まり、都に連れていかれた。森の中に目の不自由な母象が残された。母象の目から涙が流れた。

数日後、都では、王が白象に豪華な飯を与えていた。白象は王に言った。

「母は目も見えず、手を引いてくれる者もいない」

王は白象から事情を聞くと、白象を森に帰した。

森に帰った白象は寝そべっている母を見つけると、池の水を吸い上げて、母の体に吹きかけた。

母象は思った。

「なぜ、神様はこういう時に雨を降らせるのか。息子はいまごろどうしているのだろう」

その時、「おかあさん」という息子の声を母象は聞いた。

「帰ってきましたよ。王は私を解放してくれました」

母象は大きな声でないた。

親孝行な象の姿を見て、王は彼ら親子のために村をつくり、精一杯のもてなしをした。

やがて母象が亡くなった。葬式をすますと、白象は村を出ていった。

王は親孝行な白象の姿を石に刻ませ、村人と共に白象の徳を讃えた。人々は石に彫られた白象の姿に手

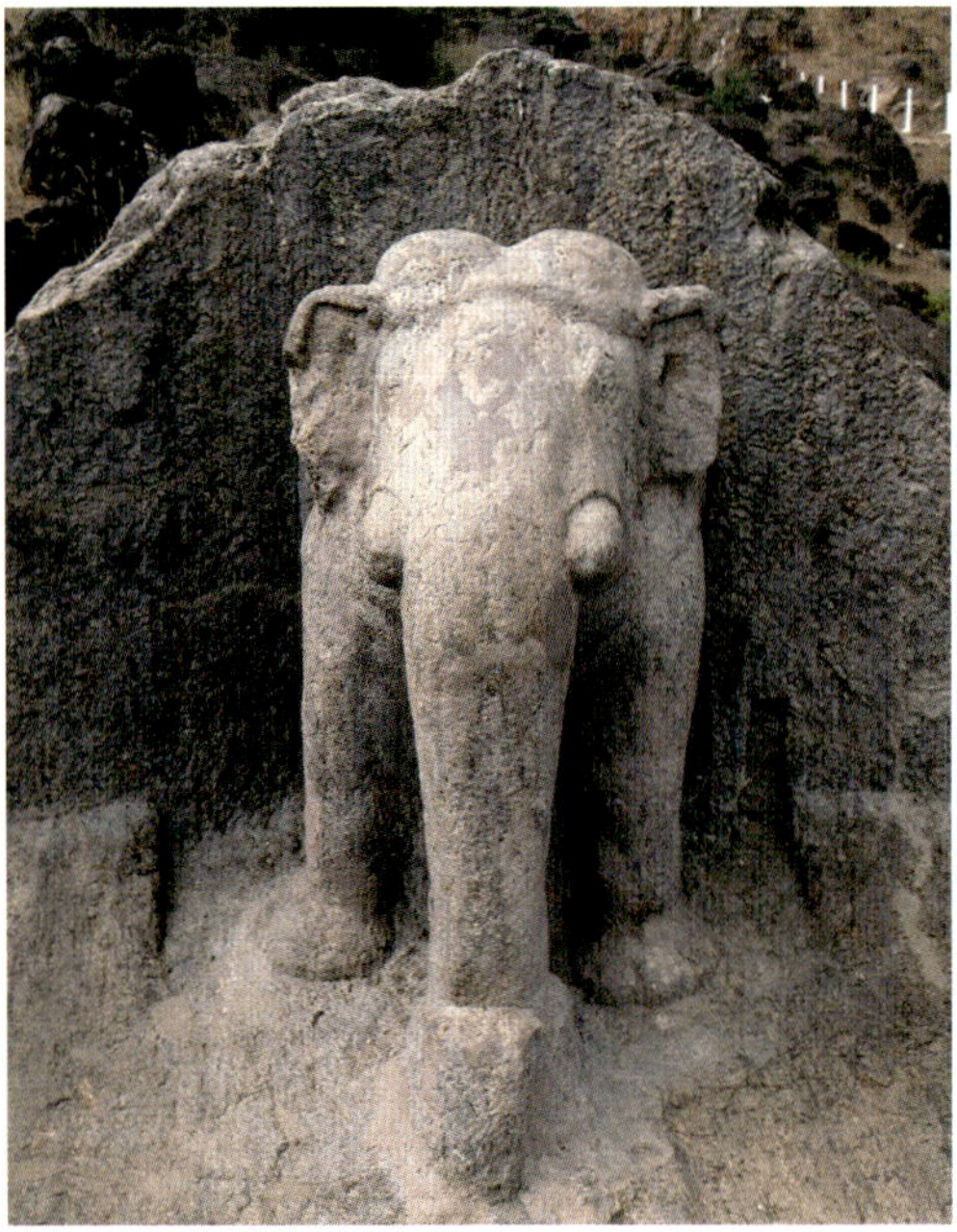

象（ダウリ　前3世紀）
インドでは象は神聖な動物であり、多くの彫刻作品がある。この事例はアショーカ碑文のあるダウリに遺るもの。アショーカの建てた石柱の柱頭にも、象を表現する例がある。仏典の古層では、釈尊が象と呼ばれることもある。仏教説話の中でも、釈尊が象の姿となって天から降りマーヤ夫人に宿る「白象降下」の話は特に有名。ヒンドゥーの方では、象の姿をしたガネーシャが名高い。

を合わせるのだった。

それからというもの、インド全土からその地に多くの人が集まってきて、毎年、象祭りが行われるようになったという。

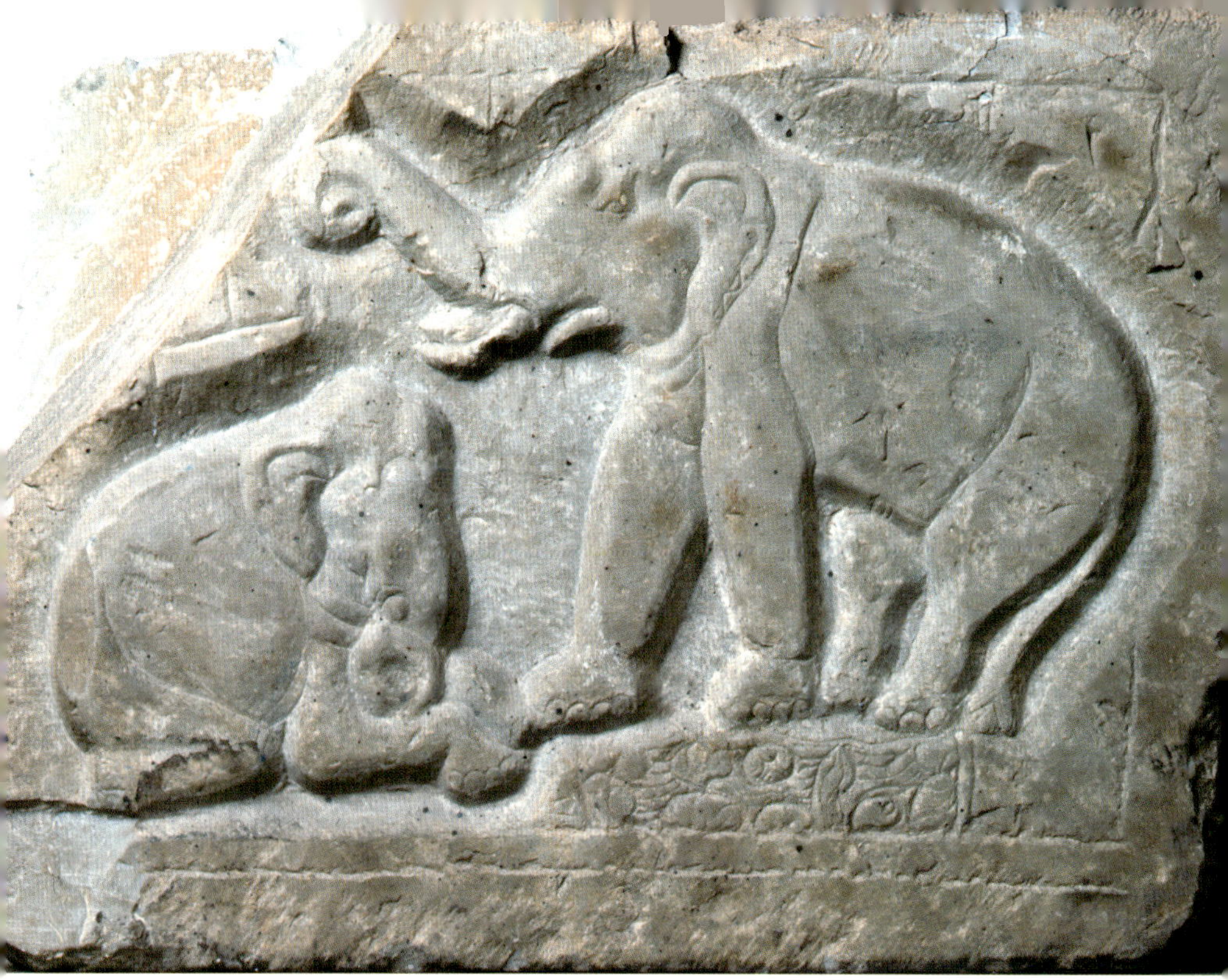

マーティポーサカジャータカ
（ゴーリ出土　チェンナイ州立博物館蔵　3世紀）
二頭の象が表現されている。大きな象が、うずくまっている象に食物を運んできたところとみられる。ジャータカの冒頭には、山のふもとの洞窟で白象が母を養っていることが語られるが、おそらくそのシーンであろう。

人食い王の改心

昔、ヴァーラーナシーに肉を好物とする王がいた。ある日、料理人が用意しておいた肉を犬が食べてしまい、料理人は困ってしまう。思案のあげく、墓場へ行って死人のもも肉を取ってきて、それを料理して王に差し出した。

王はその肉を口にした途端、全身が震えるような快感を味わった。王は前世が夜叉で、多くの人肉を食べつけており、その美味しさがまざまざとよみがえってきたのである。

王はこれからは人間の肉を用意するよう、料理人に命ずる。

それからというもの、都から人間が一人、一人、また一人と消えていき、次第に大騒ぎになっていった。

ある日のこと、料理人が人殺しをしていることが発覚し、それが王の仕業であると判明した。

王は料理人と共に森に追放されたが、人を食べることはやめなかった。王はついには料理人まで食べてしまう。森に人食いが出るという話は、イ

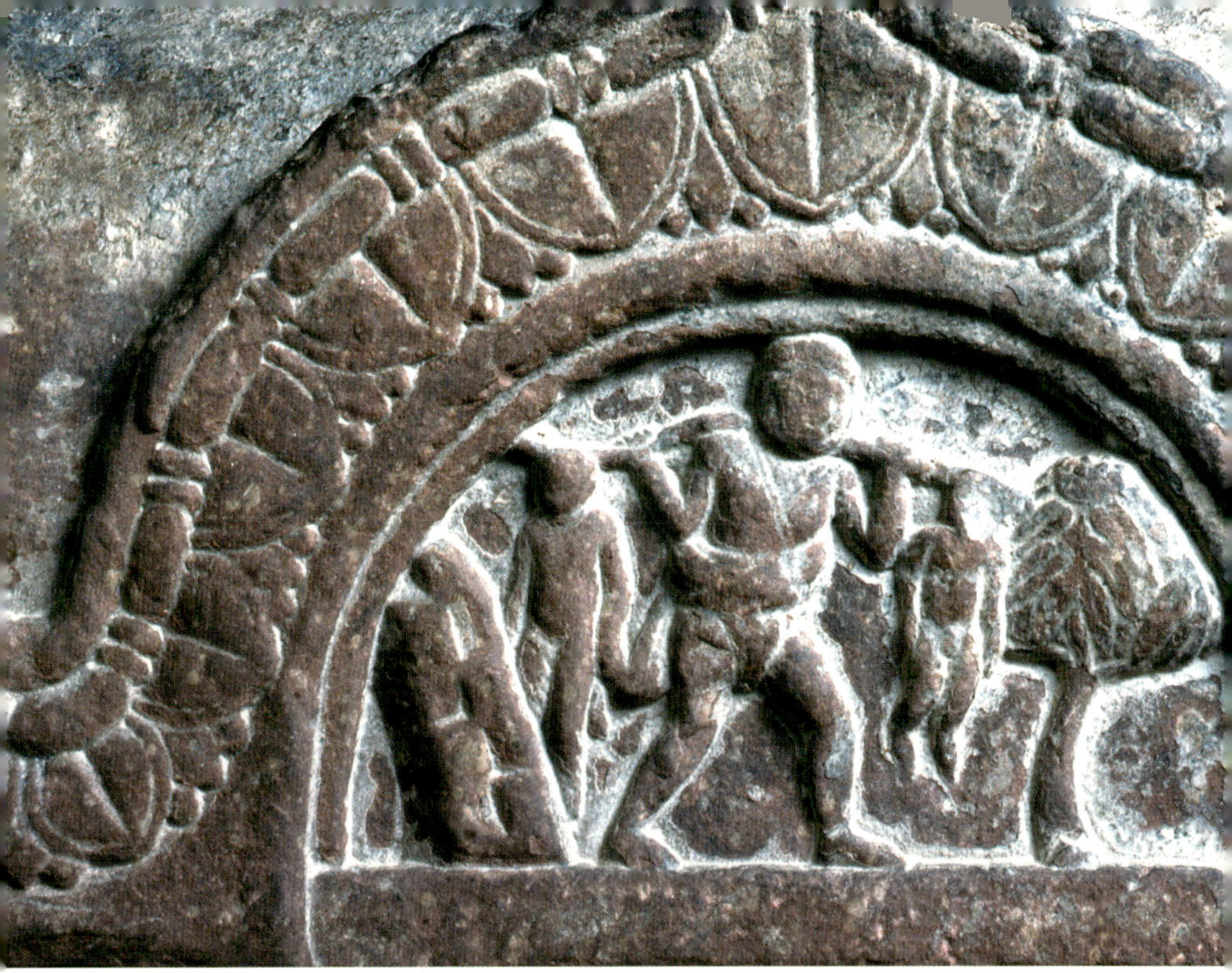

マハースタソーマジャータカ

（マトゥラー出土　マトゥラー博物館蔵
３世紀頃）
一人の男が肩に棒をかつぎ、何かを運んでいる様子が彫られている。よく見ると、棒の両端には人間がぶら下がっている。ジャータカ本文には、人食い王が料理人に命じて、人間を殺させ、人間の肉を料理させることが語られている。おそらくこの図は、殺した人間を運んでいる料理人の姿を描いたものであろう。なお、本文で語られる人食い王は、数多くの殺人を犯した後に、釈尊に教化されて出家したアングリマーラの前生といわれている。

ンド全土に広まった。

森の樹神は考えた。

「王の人食い行為をやめさせられるのは、一人しかいない。クル国のスタソーマ王（釈尊の前生）。徳の高い彼ならば……」

樹神は出家者に変装して人食い王に近付き、スタソーマ王を捕まえるよう進言する。

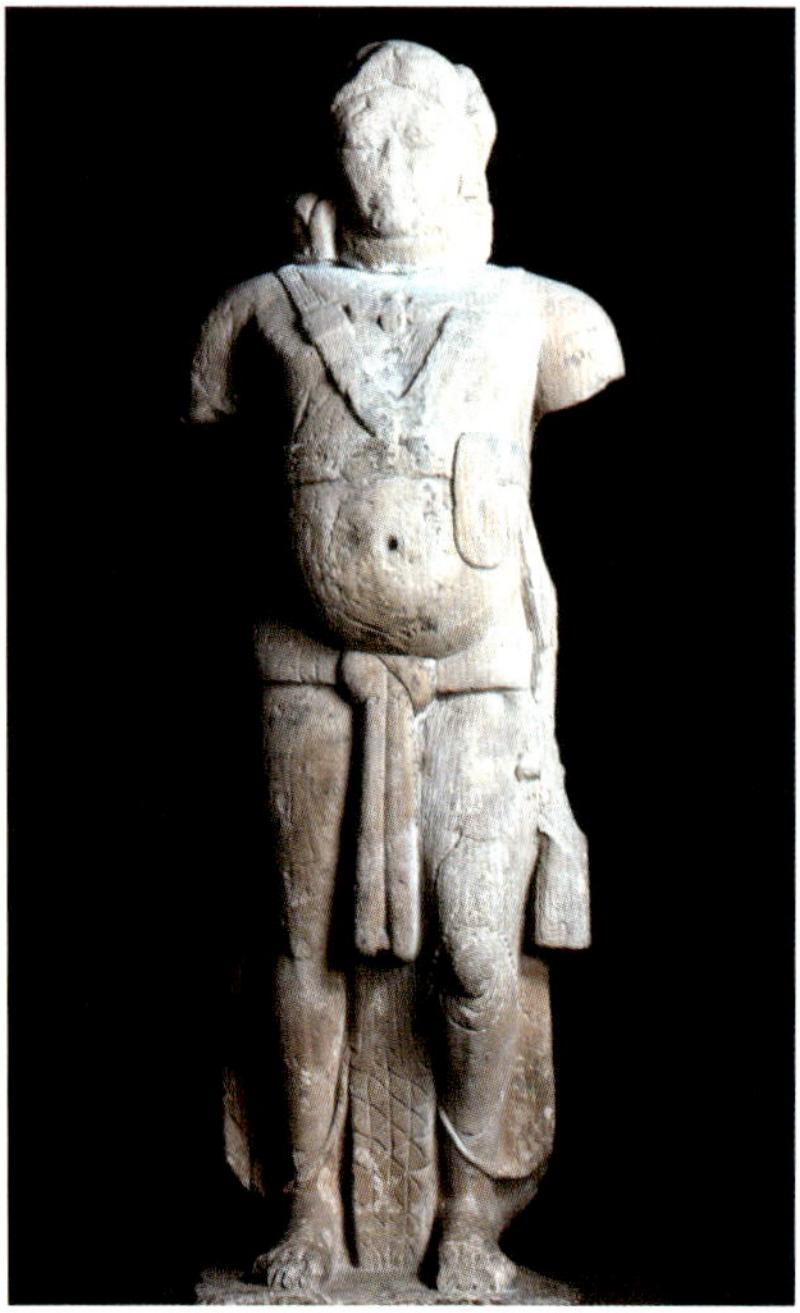

ヤクシャ像

（パールカム出土　マトゥラー博物館蔵　前3世紀頃）

本文中で人食い王が前世に夜叉であり、人肉を食べていたとあるように、夜叉（または薬叉）は時に人の肉を食べると伝えられた。夜叉は古代インドの神ヤクシャのことで、ヤクシャは観念的なヴェーダの神々とは異なり、ナーガ（龍）と共に早くに具体的な像であらわされ、崇拝の対象とされた。多産豊饒をもたらすと信じられた民間信仰の代表といってよい。写真のヤクシャ像はマウリヤ朝のもので、高さが2.64mの巨像である。ヤクシャは充分な供養を受ければ人に恩恵をもたらすが、そうでないと鬼神として恐ろしい結果をもたらすといわれ、ヒンドゥー社会にあって大きな役割を果たした。ヤクシャが人肉を食べたといわれる点からすると、もしかするとヤクシャに対して人身御供がなされる場合もあったのかもしれない。ヤクシャは仏教の守護神となり、毘沙門天はヤクシャの大将として伝承された。

スタソーマ王は多くの護衛兵が見守る中、御苑の蓮池で沐浴をしていた。人食い王がスタソーマ王を捕まえようとすると、スタソーマ王は次のように言う。「バラモンと説法を聴聞する約束をした。その約束を果たせば必ず戻ってくる」

バラモンから法を聞いた後、スタソーマ王は約束通り戻ってきて、人食い王に「私を食え」と言った。

何ものにも恐れないスタソーマ王の姿に驚いた人食い王は、彼がただものでないことを知る。

スタソーマ王は人食い王の愚行を指摘し、正しき法にいざなう。

スタソーマ王から真に美味なる法を受けた人食い王は、自分がいままでいかに愚かなことをしていたかに気付く。彼は改心して、正法に照らされて生きることを誓うのだった。

怒った長者

昔、ある長者（釈尊の前生）の妻が不倫をしていた。相手は村の村長。長者はそのことを知っており、しばらく様子をうかがうことにした。

村では飢饉が続いていた。村民は、二カ月したら収穫した米を差し出すことを条件に、村長の飼っていたやせた牡牛の肉をもらい受けて、飢えをしのいでいた。

ある日、長者が外出したおりに、村長がやってきて、女と床を一つにしていた。二人が仲睦まじくしていると、女は帰ってくる夫の存在に気づく。女は夫が帰っ

寄進者の肖像

（バールフット出土　コルカタ・インド博物館蔵　前1世紀頃）
漢訳経典でしばしば「居士」として出てくる長者は、仏教教団を支えた在家者の代表ともいえる存在である。祇園精舎を寄進した給孤独（スダッタ）長者の話は特に名高い。長者が仏塔（ストゥーパ）にも多くの寄進をしたことは、仏塔に遺る碑文から知れる。また、仏塔からは図のような蓮華文様の中に人物を表現する事例が出土しており、寄進者の名を刻んだ碑文と併せて考えて、こうした人物は寄進者であると推定される。独特な頭飾りは107頁写真の長者にもうかがえ、こうしたファッションが長者に好まれていたのであろう。なお、長者は維摩居士のように、在家菩薩として大乗仏教では非常に重要な役割を担うことがある。

ガハパティジャータカ
(バールフット出土　コルカタ・インド博物館蔵　前1世紀頃)
彫刻には三人の人物が表現されている。向かって右の男が指を一本立てて挑みかかるような格好で、坐った男をまるで問い詰めているかのようである。男たちの間には、円形状のものから顔を出す女性が見える。この女性を、芝居をうつために空っぽの米倉に入って、米はありませんと村長に言った長者の妻とすると、立っている男が長者で、坐っている男が村長と解せる。この図をラーマーヤナの1シーンとする説もあるが、ジャータカとする方が妥当であろう。

てくると村長に告げた。村長はおそろしくなり、思わず身震いした。

女は、落ち着くようにと村長に言った。

「芝居をするのよ。私の言う通りにして」

女が考えた筋書きはこういうものだった。

自分は村長から牛肉をもらい食べた。村長は肉と引き換えに米を要求する。私は「お米はありません」という。村長はさらに米を強く催促する……。

村長は長者の妻に促されて、芝居を始めた。

「おい、米を早く出せ」

女はそれを受けて、こう言った。

「お米はここにありません。どうか収穫するまでお待ちください」

長者は村長と妻のやり取りを黙って見ていた。下手な芝居をするもんだ。あざといことをする女め、と彼は心の中で呟いた。

長者は村長に話しかけた。

「村長さん、あなたにもらった牛肉を妻と食べた時、二人で話したもんですよ。

二カ月したら、お米を差し上げようってね。まだ、半月しかたってないのに、米をよこせ、ですか」

長者は村長を引き倒した。

「他人の大切にしているものを盗むのが村長の仕事だとでもいうのか」

長者は村長を家から追い払い、妻に平手打ちを食らわせた。

それからというもの、村長は仕事に励み、長者の妻は貞淑になったという。

仲裁に入った豺

樹木に宿る神（釈尊の前生）が次のような出来事を目撃した。

二匹の獺《かわうそ》が魚を探すために岸に立っていた。ほどなく魚を捕まえ、赤い魚が引き上げられた。

魚を分ける段になって、二匹の獺はいさかいを始めた。その時、豺《やまいぬ》が通りかかった。

「豺さん、ちょうどよかった。この魚を分けることで、喧嘩になりかけているところです。すみませんが、公平に魚を分けてくださいませんか」

ダッバプッパジャータカ
（バールフット出土　コルカタ・インド博物館蔵　前1世紀）
一人の仙人らしき人物（本文中には出てこない）の前に池が表現されており、二匹の獺が向かいあっている。おそらく魚の取り分をめぐって言い争いをしているところであろう。足元に魚の頭と尾の部分が取り残されている。間に入った豺のために魚の真ん中が取り去られたのである。その豺が獺の後方におり、裁定を下して、うまく魚を口にくわえて逃げていくところを右上に描いている。同じ豺を二度表現しているのである。

獺が豺にそう言うと、豺はこう言った。

「私はその昔、裁判官でした。まかせてください」

豺は次のような裁定を下した。一匹の獺には尾の部分、もう一匹の獺には頭の部分。そして真ん中の胴体部分は自分のもの。

そう言うと、豺は魚の真ん中の部分を口にくわえて逃げていってしまった。

残された二匹の獺は口をぽかんと開けたまま動けなかった。

「争ったばっかりに魚がなくなってしまった。赤い魚は豺のものになってしまった」

しょんぼりした獺を尻目に、豺はすみかに戻り、妻に赤い魚をプレゼントした。

妻は喜び、どうやってこの魚を手に入れたのか尋ねた。

比丘の修行（スリランカ）

ジャータカや律にしばしば悪比丘の所行が語られている。仏教教団が拡大するにつれ、よこしまな僧侶が存在するようになってきた。教団は、このジャータカのように、問題となる僧侶の悪行を素材にして、あるべき僧侶の姿を語り伝えた。信者に説法はするが己の行為を少しも省みることのない形だけの僧侶は、古代インドの時代より問題視されていたのである。清浄行をひたすら追求する僧侶の姿はいつも眩しい。

「獺が言い争いをしていたために、この魚は自分のものとなったのだ」

豺は得意そうに、いきさつを妻に語るのだった。

＊　＊

この豺は生まれ変わって、欲深き僧となった。ある僧院で二人の僧侶が粗末な着物と上質な毛布の分配で悩んでいた時、この悪僧が「私が分けてあげよう」と二人の間に入った。そして、うまいこと毛布を取り上げていった。こんなことを繰り返していた悪僧の行いを見て、釈尊は弟子たちに語った。

「僧侶たるもの、自ら正しく行わない限り、他人を教え諭すことなどできない」

恩知らずの猿

釈尊を退けて、教団のリーダーになろうとした提婆達多の前世の話にこんなものがある。

＊　＊

昔、カーシー国のある村に一つの深い井戸があった。井戸は、村人にとっては生活するうえで欠かすこ

ポーヤ・デーに仏塔に集う
仏教信者（スリランカ）

スリランカでは、新月と満月の日はポーヤ・デーと呼ばれ、在家信者は早朝から近くの寺に集まり、仏塔や仏像、さらには菩提樹を礼拝し、深夜まで寺内ですごす。この日、信者たちは白衣を着て、読経・聞法に励み、在家信者としての戒を受け、清らかな一日を送る。この行事は古代インドより行われており、仏教遺跡の中の仏塔にのこるジャータカ図もこうした機会に使われたと推測される。信者の人々は、彫刻の前でジャータカの内容を語る説法師から、何が人倫にもとる行為かあるいは何が正しい生活かを聞かされ、何度もわが身を省みたことであろう。

ドゥービヤマッカタジャータカ

（バールフット出土　コルカタ・インド博物館蔵　前1世紀頃）

この図には二つのシーンが表されている。向かって左に男が立ち、男は猿に水を与えている。本文の前半で語られる、喉の渇いた猿に男が水を恵んでいるシーンである。図の中央には、天秤棒を肩にかけた男が歩みを進めようとしたところを表している。樹の上に猿が上がっており、猿は尾を上にあげ、男を睨みつけている。猿に威嚇された男が立ち去ろうとした時に猿は木の上から糞を男に落とす、そのシーンである。

とのできない大切な水源であった。

村の人たちは皆親切で、井戸から汲み上げた水を動物たちにも飲ませていた。動物たちもそれには感謝しており、この村には人間と動物がお互い助け合うという平和な暮らしがあった。

ある日、一匹の猿（提婆達多の前生）が井戸のまわりをうろうろしていた。喉が渇き、水を恵んでもらおうと井戸に近付いたのだが、水を汲み上げてくれる人がいないのだった。

その時、一人の男（釈尊の前生）がやってきて、井戸から水を汲み上げて水を飲んだ。男が水で手と足を洗っていると、猿が坐っているのに気が付いた。

「おまえも水が欲しいのか」

男は猿にも水を汲んでやり、猿に飲ませてやった。猿はおいしそうに水を飲んだ。

男はしばらく樹の下で休憩していると、水を飲み終わった猿が突然、男に向かって鋭い叫び声を上げた。

男は腰を抜かさんばかりに驚いた。猿の顔は恐ろしく、猿は男に飛びかかる体

勢をとった。

「なんてことだ。喉が渇いてかわいそうと思い、水を与えたのに、私を脅かすのか」

猿はまた叫び声を上げた。

「えらそうにするんじゃねえ。ええい、おまえの頭にウンコを落としてやる」

猿はそう言うと勢いよく樹に上がり、小枝に坐った。男はやれやれといった感じで立ち上がり、その場を離れようとした。猿はその瞬間、男めがけて糞を落とした。糞は男に命中した。猿は勝ち誇ったように得意げに叫び声を上げ、森に帰っていった。

男は何も言わず、黙って体を洗い立ち去った。

憎しみをうち捨てて

「ここに私の父母を殺した奴がいる」

ディーガーヴ王子（釈尊の前生）は、眠りこけているヴァーラーナシーの王の顔をしげしげと見た。そして、両親の仇を打つべく、剣を抜いた。

と、その瞬間、どこからか父母の声が聞こえてきた。

「憎しみによって憎しみの静まることはない。憎しみを持たないことによって静まるのである」

そら耳か、王子はため息をついた。その言葉は、両親が生きている時によく聞いたものだった。

あの人は自分を馬鹿にした、あの者は自分を殴った、あいつは自分をないがしろにした、などといつも考えていては、心の安らぎは得られない。そう言って、両親はいつもやさしく諭してくれた。

王子は剣を握る手から力が抜けていくのを感じた。

「憎しみによって憎しみの静まることは決してない」

王子はそう呟き、死んだ両親の言い付けを何度も心の中で繰り返した。

敵の王が目を覚ました。二人はしばらくただ黙って向き合った。そして、王子は王に言った。

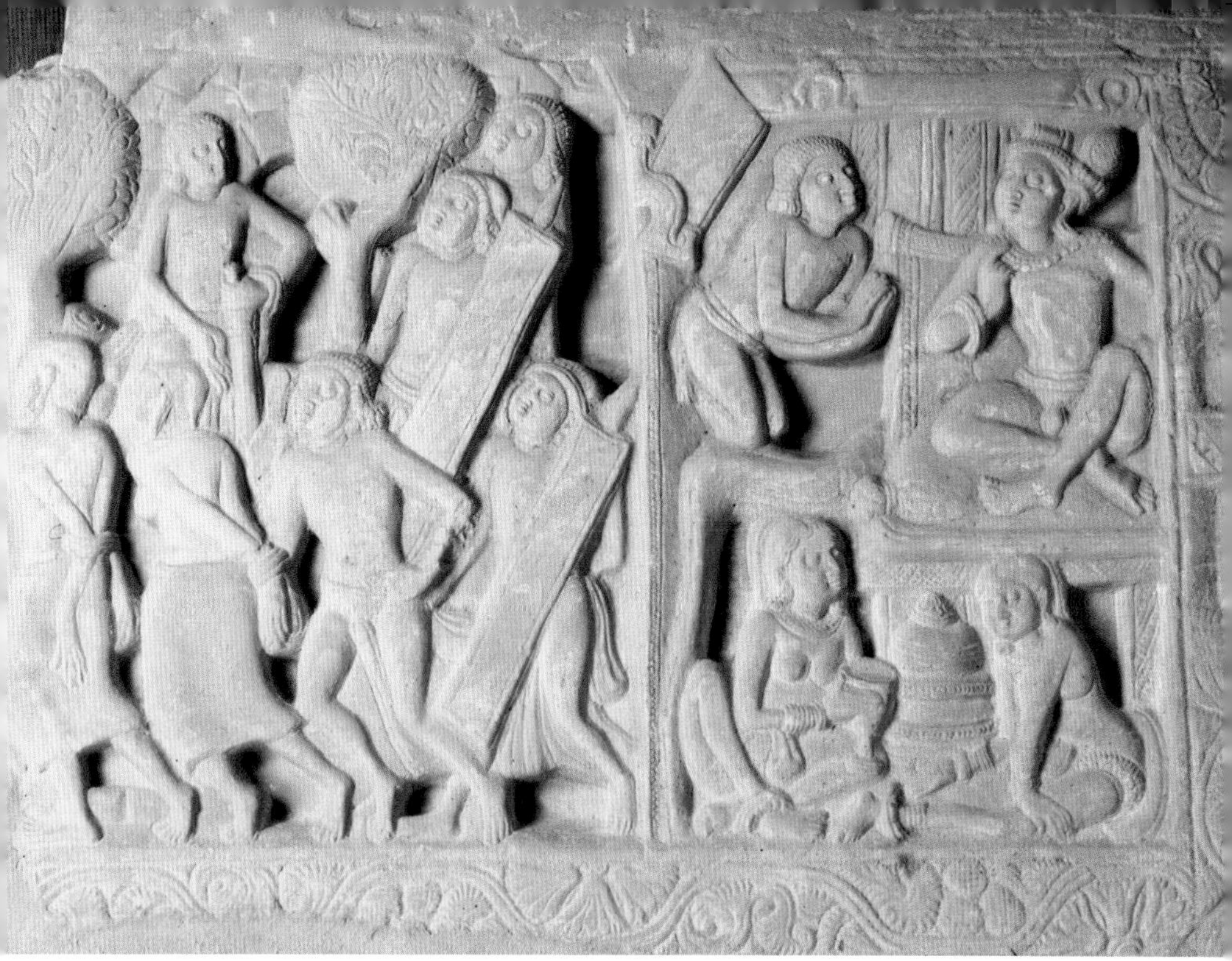

ディーギーティコーサラジャータカ
(ナーガールジュナコンダ出土　ナーガールジュナコンダ博物館蔵　3世紀頃)
このジャータカ図は二つのシーンから成り、どうやらジャータカ本篇の導入部を表現しているらしい。左の面には後ろ手に縛られた男女が引き立てられており、後ろに盾を持った兵士たちが続く。手を縛られているのはコーサラ国の王ディーギーティとその妻。ディーガーヴ王子の両親である。王子は、両親が処刑場に引き立てられていくのを見ている。二本の樹の間で剣の柄を持って立っている男が王子。いつの日か必ずこの仇をとってやる、と誓いをたてているのであろう。右側のシーンでは、王が玉座に坐り、その下にお付きの女性が二人いて、一人の男が王に挨拶をしている。素性を隠して雇われたディーガーヴが、王に呼び出され、憎しみをこらえて敵王に謁見しているところである。この後、二人は狩りに出かけ、敵王はディーガーヴに心を許し、彼の膝枕で眠りこけてしまう。そして……。

「あなたの命は私の意のままです」

王はうなずいた。王子はさらに続けた。

「死に臨んでは、何も役にたちませんね。莫大な財産があっても、全くどうにもならない」

王子は王に詰め寄った。殺される、王はすっかり観念した様子であったが、どうしたことか、王

カウシャンビー（コーサンビー）の遺跡

115頁の写真の話は、カウシャンビーでいさかいをおこした僧侶たちに対して、釈尊が語られたものとされている。「あなたたちは仏の子であるにもかかわらず、父であるこの私の戒めを守らなかった」と釈尊は語り始め、続けて、「昔の賢者は、両親を殺して国を奪った敵に対しても、『両親の言うことは破るまい』と敵の命を手中にしながらも相手を殺さなかった」と言い、前世のことを話されたという。写真は、ゴーシタ長者が釈尊に寄進したという精舎址。

子は王の手に剣を握らせた。

「憎しみによって憎しみは静まりません」

王子は目に涙を浮かべながら、さっきの言葉を大きな声で言い放った。

二人は手を握りあった。王は感動に打ち震えていた。この王子は憎しみを慈しみに変えた。この王子は亡くなった両親の戒めを大切にした。なんと賢き男だ。

王は大臣たちを集めてこう言った。

「この方に手をだしてはならん」

数日後、王は自分の娘を王子に嫁がせ、奪い取った国を王子に返したという。

勘違いをした行者

インドに行くと、一人で旅を続ける行者に出会うことがある。中にはインチキくさい行者もいる。

＊　＊

昔、各地を遍歴して歩く行者の中に、皮の衣を着た一人の行者がいた。ヴァーラーナシーの町で食を乞う日々を送っていたが、彼に対して人々はあまり敬意をはらってはいないようだった。

ある日のこと、彼は数頭の山羊《やぎ》が喧嘩をしているところに遭遇した。すると、その中の一頭の山羊が行者を見上げて突然後ろにさがった。それを見た行者はこんなふうに考えた。

「この山羊は私に対して尊敬の気持ちを抱いている」

行者は気分をよくした。そして誇らしく格好をつけ、しばらく山羊を見つめた。

「この山羊はなんと素晴らしいのだ。私の徳を理解したのはヴァーラーナシーの町ではこの山羊だけだ」

行者は山羊に向かって手を合せた。

その時、その光景を見ていた賢い商人（釈尊の前生）は行者にこう言った。

チャンマサータカジャータカ（バールフット出土　コルカタ・インド博物館蔵　前1世紀頃）
蛇行する蓮華蔓草で区画されたところに、連続した二つのシーンが表されている。まず上の写真には物語の前半部分が表現されている。向かって左に天秤棒をかついでいる行者が立っており、山羊と相対しているのがわかる。後ずさりした山羊を行者が見ているところである。行者は山羊が自分に対し敬意を抱いたと誤解する。山羊の横にいる男は行者に忠告をした商人。

「あなたは判断をまちがえていますよ。その山羊はあなたに飛びかかろうとして後ずさりしたのですよ」

その言葉が終わらないうちに、山羊は行者に猛烈な勢いで体当たりし、角を行者のももに突き立てた。

行者はひっくり返り、ももをおさえ、大声をあげてもがき苦しんだ。天秤棒にかけて肩にかついでいた荷が、あたりに散らばった。行者は相当の痛みがあったのであろう。両腕を伸ばして泣き叫び、のたうちまわった。持っていた水入れも壊れてしまった。大量の血が流れ出て、段々と行者の意識は薄れていった。

「ああ、私は愚かだった。誤解し

チャンマサータカジャータカ（バールフット出土　コルカタ・インド博物館蔵　前1世紀頃）
物語の後半部分。商人が行者に忠告しているとき、山羊が行者に突進し、体当たりを受けて行者は地面に倒れる。向かって左に山羊、中央に立っているのが商人、右手を上にあげて横たわっているのが行者。行者の後ろに天秤棒に通した荷物が見える。

てしまったのだ。ああ、何ということだ。敵意と敬意を取り違えるとは」

行者はおのれを悔いながら、息を引きとった。

大蟹退治

昔、ヒマラヤに大きな湖があった。近くに住む象たちはそこで水を飲んだり、エサを取ったりしていた。しかし、象たちは湖に入っている時はいつもおびえていた。湖には一匹の巨大な蟹《かに》が住んでいたのである。蟹は象を食べるほど巨大で力があり、この大蟹のせいで象たちは安心して湖に入ってはいられなかった。

ある日のこと、遠くに住んでいた一匹の美しい象（釈尊の前生）が大蟹を退治しようと、湖の近くにやってきた。勇敢なその象には若い牝象が連れ添っており、夫婦象はほとりに立った。後方には湖近くに住む象たちが心配そうに見守っていた。

象たちが口々に言った。

「大蟹が現れるのは、我々が水から上がるときなんですよ」

象たちによれば、最後尾の象がいつも犠牲になるという。勇敢な象は作戦をたてた。他の象たちを湖に入らせ、エサを取れるだけ取らせ、先に湖から上がらせる。そして自分は最後尾につき、わざと大蟹に襲わせる。

作戦は実行にうつされた。他の象たちが皆、湖から出て、最後に勇敢な象が湖から上がろうとした瞬間、

ナーガジャータカ（バールフット出土　コルカタ・インド博物館　前1世紀頃）

歩みを進める一頭の象の後ろ足を蟹がはさみで捕えている。下には魚が三匹と魚をくわえた水鳥が表現されている。蟹の住む湖を表現したものである。後方には、逃げていく二頭の象が見える。大蟹が湖から姿を現し、退治にきた勇敢な象を捕まえ、他の象が恐怖のあまり逃げ出したところが彫刻されてある。この図に付された碑文には「ナーガジャータカ」（象本生）とあるが、話はパーリ語仏典のカッカタジャータカ（蟹本生）に相当する。

祇園精舎址

釈尊が祇園精舎にいるとき、ある夫婦が訪ねてきた。その夫婦は盗賊につかまっていたという。盗賊の首領が夫を殺そうとした時に、妻が懸命に夫の命乞いをしたために二人は助かったというのである。釈尊は「この奥さんは前世でも賢者の命を助けたことがある」と言って、象夫婦の話を語ったとされる。この話でみるかぎり、主人公の象は大したはたらきはしていない。妻の力を借りなければ大蟹退治はできなかった。苦境に立った夫を助けるのが妻のつとめであることを、このジャータカは教えている。

大蟹のはさみが象の後ろ足をとらえた。象はじりじりと後方に下がり、大蟹の方に引き寄せられていった。大蟹の予想以上の力に象はうろたえた。象の苦しみの声が山中にこだました。他の象たちは怯えてしまい、大小便をもらしながら逃げていった。

いまにも大蟹に食べられそうな夫象を見て、妻である牝象も恐怖に襲われていた。しかし、何とか愛する夫を救おうと思案をめぐらせた。

牝象は大蟹に話しかけてみた。

「あなたのような素晴らしい蟹は見たことがありません。どうか私の夫を放してください」

大蟹は突然の女性の声に驚いた。大

蟹が油断してはさみを象の足から離した瞬間、象は足で大蟹の背中を踏みつけた。象は大蟹を粉々にし、喜びの声をあげた。

湖に平和が戻った。湖で象たちが楽しそうに水浴びする光景を見て、夫婦象はその場を立ち去った。

早く後継ぎを

昔、マッラ国のオッカーカ王が国を治めていた時の話。

人々は王宮の門の前に集まっては、こんなことを言っていた。

「このままでは国が滅んでしまうぞ」

実は王は子どもに恵まれず、世継ぎがいないことが人々を不安にさせていたのである。王子がいない。他の者が王位を奪い、国を滅ぼしてしまうのではないか……。

王子を得れば、このまま国を平和に治めていくことができる。大臣たちは一計を案じた。

王妃を舞姫にしたて、王宮の外に出すという。そうすれば人々が王妃に群がり、王妃を手に入れた者が王妃との間に子どもをもうけるだろうという筋書き。

王妃が舞姫となるべく着飾っているとき、天界の帝釈天に王子が欲しいという王妃の願いが通じた。王妃は品行方正で、徳の高い人物。それ故に帝釈天の心を動かした。

「私が王子を授けてやろう」

帝釈天は天界の中ですぐれた者を選び、彼を呼び出し、オッカーカ王の王妃の胎内に宿るように諭した。

王妃が王宮を出る時がやってきた。果たして、人々は舞姫の姿をした王妃を門のところで待ち構え、王妃をわがものにしようといきり立っていた。

王妃を手に入れたのは、欲望むき出しの老バラモンだった。しかしこのバラモン、実は帝釈天が化けたもので、彼女を天界へ連れていく。

王妃はバラモンが人間ではなく帝釈天であることがわかると、礼拝して、彼の側に立ってこう言った。

「私に王子をお授けください」

帝釈天は頷き、王妃にクサ草や天の衣などを与えて、王妃とともに下界の王宮の寝室に赴いた。

滝にうたれる女
（マトゥラー出土　ニューデリー国立博物館蔵
2世紀頃）
ジャータカにはしばしば美女が登場するが、彼女たちの姿形は樹木の精霊ヤクシーの彫刻を彷彿とさせる。古代インドではヤクシー像が数多く造られたが、それに倣って人間の女性の単独表現もなされるようになっていく。例えば、右に掲げた滝にうたれる女や他に鏡を見る女、右肩に小鳥をとまらせる女などの作例を見ることができる。女性の豊満な肉体表現はインドの得意とするところで、欲望を制御することを教える禁欲的テーマと並んで、同じ場所に快楽に誘うかのような官能的彫刻が存在するのである。

クサジャータカ（バールフット出土　コルカタ・インド博物館蔵　前1世紀頃）
一説によれば、上図が本文のジャータカの一コマを表しているという。向かって左に腰かけているのがバラモンに化けていたという帝釈天で、真ん中の女性が王妃。王妃が帝釈天に向かって王子を授けてくださいと言っているところ。向かって右の背中を見せている女性は、帝釈天から天衣などをもらい退こうとしている王妃の姿。

王はベッドの上で寝息をたてている。帝釈天は王妃を寝かせると、親指で彼女のへそをなでた。するとその瞬間、王妃は子どもをみごもった。帝釈天は静かに王宮を後にした。

翌日、王は王妃から妊娠したことを知らされる。十カ月後、王妃は無事に王子（釈尊の前生）を出産した。

出家した国王

昔、ヴィデーハ国の国王が亡くなった後で、二人の息子の間で諍《いさか》いが起こった。弟が兄を殺し王位についたのだ。兄の妻は国外に逃れ、おなかの中に身ごもっていた子どもを産む。産まれたのがマハージャナカ（釈尊の前生）。

マハージャナカは成長して、国を取り戻す決意をする。そのための資金作りに交易を志し、黄金の土地を目指して航海にのぞむ。しかし、途中で船は難破して、なんとか女神に救われる。

一方、マハージャナカの叔父にあたる国王は甥と対面する

出家の儀式（スリランカ）
スリランカで比丘になるためには出家の儀式（パッパジャー）と得度式（ウパサンパダー）を経なければならない。出家を志す者は、写真のように式の行われる建物に、まず王子の姿で入場する。これは釈尊が王子であったことに由来するものであり、王子の服装は世俗を象徴している。志願者が続いて白衣（信者の象徴）に着替え、比丘たちの前で僧団に入ることを乞う。そして先輩比丘から黄衣（出家者の象徴）を受け取って、出家者の身となるのである。

マハージャナカジャータカ

（バールフット出土　コルカタ・インド博物館蔵　前1世紀頃）

この図はマハージャナカが出家し、乞食して町を回り、矢を作る男の前にきたところ。真ん中に立つのがマハージャナカで、向かって左の者が矢を作る男。男は炭火で矢をあぶり、片目を閉じ片方の目で矢を見ながら、矢を真っ直ぐにしているところ。男はマハージャナカに次のように言ったという。「二つの目で見ると、広がるように見えてしまう。片目を閉じて片方の目で見ると、矢が曲がっているかどうかがわかる。二人いれば口論ばかり。一人だと誰とも喧嘩はしない。一人でいることは素晴らしい」。マハージャナカの隣に立つのが妻のシーヴァリ。マハージャナカを追いかけてきたのである。このジャータカは、釈尊が出家したのは現世だけではなかったことを語るものである。世俗において至上の価値である王権よりも、出家者の宗教に重きを置く古代インドの宗教観が反映されている。

こともなく亡くなってしまう。ひとり娘のシーヴァリに夫になるべき人物の条件を言い残して。

やがて、マハージャナカとシーヴァリが劇的に出会う日がやってくる。マハージャナカこそ、夫にふさわしい条件をみたしている。シーヴァリはマハージャナカを夫とし、国王として迎え入れる。

人々は新しい国王を歓迎し、その賢者ぶりに人々は熱狂した。ほどなく王子が生まれ、平穏な日々が続いていた。

ある日のこと。マハージャナカ王は取り巻きを従えて庭園に赴く。そこにマンゴーの木が二本あった。一方には果実が実り、一方には果実がなかった。

大勢の家来がマンゴーの実を取っては食べる。食べられなかった者は、棒で枝を折ってしまう始末。実のなっていた方の木は台なしになり、実のなっていない木は輝いてみえる。マハージャナカはこう思った。

「王であることは実がなっている木と同じだ。実のならない木のようになろう。得たものはすべて捨て去って出家しよ

う」

その日以来、マハージャナカはもの思いにふける日々が続く。シーヴァリは夫をなんとか楽しませようと努力するが、彼の決意はかたかった。

マハージャナカはついに王宮を去る。シーヴァリは夫の後を追いかけた。苦行者や矢作りの男などから教えを受けたマハージャナカは妻を説得して、森の中に姿をけす。

「実のあるマンゴーの木と実のないマンゴーの木、この二つの木こそが私の師匠」

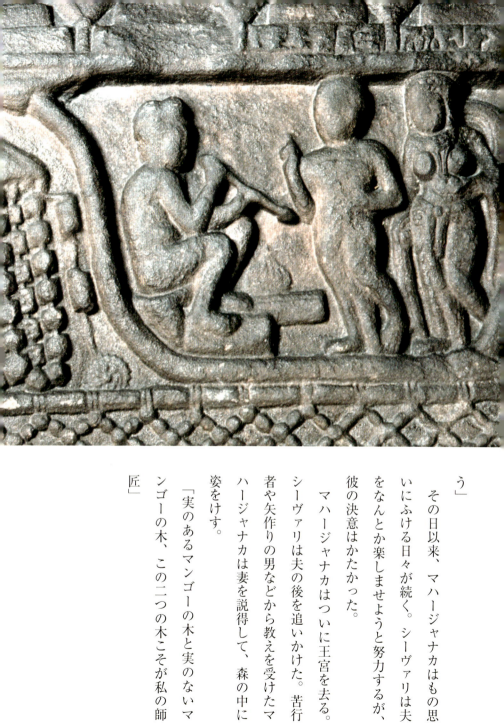

怠けもの

怠け心。この得体のしれない心は、いま自分が何をなすべきか本気で考えてない時に生じるものであるらしい。仏道修行者にとって怠け心を抱くことは、真実を求める道から遠ざかることを意味した。ジャータカには、修行を怠ける比丘の過去世に関する話がいくつかある。仏教教団が拡大するにつれ、修行を怠ける不埒な比丘が実際出てきたのであろう。怠惰を戒める話の中に次のような話がある。

＊　＊

昔、ヴァーラーナシーに怠けものの王がいた。「なんとか、王を目覚めさせなければ」と、賢い大臣（釈尊の前生）はいつも手立てを考えていた。

ある日のこと、王が数人の大臣を伴に庭園を散歩していると、一匹の亀が目にとまった。

「これは何という動物だね」

王が賢い大臣に尋ねた。大臣はチャンス到来とばかりにこう答えた。

「これは亀という怠けものです。一日歩き続けたとしても、わずかばかりしか進みません」

ガジャクンバジャータカ
（バールフット出土　アラーハーバード博物館蔵 前１世紀頃）
大きな家の背後で、二人の男が話をしている様子が彫刻されている。向かって左の男は左手に兎を持ち、片方の人物にそれを見せている。手前の家の屋根の上には小動物が乗っている。残念ながら頭の部分が破損していて正体はわからない。銘文には象と兎の名が見えるが、それに該当するジャータカは見当たらない。動作ののろい動物、動作の機敏な動物を使い、怠惰なることを戒める話が複数あったのではないかと考えられる。亀の代わりに兎の迅速なることを使って、賢い大臣が怠惰な王を諭しているところと解しておきたい。

大臣はそう言うと、今度は亀に向かって話し始めた。

「亀さんよ、君たちは実に歩みがのろい。もしいま、山火事がおきたらどうなるね」

大臣に尋ねられた亀はこう答えた。

「穴に到達しなければ、死んでしまうでしょう」

僧院窟（ナーシク石窟第３窟、２世紀頃）

古代インドにおける仏教修行者たちは森や林、洞窟といった静寂な空間で修行に励んだ。寺院の寄進がなされはじめると、石窟寺院という修行に最適な環境が作られもした。西インドにはアジャンター石窟をはじめとする石窟寺院が数多く遺る。写真のナーシク石窟も、西インドを代表する石窟寺院の一つ。大小25の石窟があり、第３窟は大広間の三方に18もの僧房を具えた僧院窟。奥中央のパネルには、仏塔が彫刻されている。この空間の中、怠惰な者は仲間の修行僧から反省を促され、己の至らなさを何度も恥じたことであろう。

それを聞いた大臣は、王に聞こえるようにこう言った。

「ゆっくりすべき時に急ぎ、急ぐべき時にゆっくりする者、枯れた葉を踏み行く者のように利益を損なう。

ゆっくりすべき時にゆっくりし、急ぐべき時に急ぐ者は、月が夜ごとにふくらみゆくがごとく利益は満ちる」

王は大臣のその言葉を聞いてからというもの、職務に精を出し、怠惰ではなくなったということだ。

＊　＊

「すべての事象は過ぎ去っていく。だから怠ることなく、修行を完成しなさい」とは釈尊最後の言葉として語り継がれてきた。一瞬一瞬を大切にする生き方を志すとし、「怠ることなく」の言葉は胸に響く。

己を省みる動物たち

昔、マガダ国近くの森に鳩、蛇、豺、熊が住んでいた。

ある日、鳩が妻と一緒に餌を探しに空を飛んでいた時のこと。鳩の妻が鷹に襲われ、食べられてしまう。

以来、鳩は死に別れた妻のことが忘れられず、愛欲に身を焦がす日が続く。

「この愛欲は私を苦しめる。欲望をおさえることができないうちは、餌を探すことはやめよう」

瞑想する行者（リシケーシュ）
ジャータカ本文には、動物たちが欲望や怒りの感情を抑制することを誓っているが、これは瞑想によって達成されるという。出家者のみならず、在家の人々も布薩の日には瞑想をなすことが、こういう話を生んだと思われる。瞑想という修行法は、インダス文明を担っていたインド先住民族のあいだで行われていたようで、仏教を初めとする古代インドの諸宗教は等しくこれを修行の中心に据えている。布薩の日に在家者が八つの戒律を守り、瞑想を行い、出家者から法を聞くことで智慧の眼を養うといった行法は、清浄なる出家者が修行の基本に「戒・定・慧」の三学をおいたことに平行する。心を静寂にすることだけが、仏教の目指すところではない。

鳩はそう言って、苦行者（釈尊の前生）のもとに行き、布薩（八つの戒を守る禁欲の行）をなす。

次は蛇。ある日、餌を探しに村外れに来た蛇が、牛に蹴られて思わず牛に噛みついて、牛を殺してしまう。村人たちは、牛の死を悲しみ、盛大な葬儀を執り行う。

「ああ、私は怒りのために牛の命を奪い、多くの人を悲しませてしまった。怒りの気持ちをおさえることができないうちは、餌を探すことはやめよう」

蛇はそう言って、苦行者のもとに行き、布薩をなす。

次は豺。ある日、餌を探していた豺が死んだ象を見つける。象の肛門を噛むと甘い味がして、どんどん腹の中に入っていった。こんないい場所はないと思い、豺はしばらく象の腹の中に住みついてしまう。ところが象の肛門が閉じてしまい、豺は大慌て。やっとのことで外に出る。

「貪欲のためにこんなに苦しい目にあってしまった。貪欲をおさえることができないうちは、餌を探すことはやめよう」

豺はそう言って、苦行者のもとに行き、布薩をなす。

最後に熊。ある日、激しい欲望にかられた熊が森を出て村に行く。村人たちは驚いて、弓や棒で熊を打つ。熊は傷ついて、血を流しながらすみかに戻る。

「貪欲のためにこんなに苦しい目にあってしまった。貪欲をおさえることができないうちは、餌を探すことはやめよう」

パンチューポーサタジャータカ
（マトゥラー出土、マトゥラー博物館、2世紀頃）
この彫刻には、行者と四動物が表現されている。動物たちは行者と相対し、行者の話を聞いているかのように見える。動物は鳥が二羽、鹿、それに蛇である。パーリ語のジャータカでは本文に示したように、鳩、蛇、豺、熊の四動物が登場するが、同様の内容をもつ『僧伽羅刹所集経』巻上では、烏、鳩、鹿、蛇の四動物がみられ、彫刻の場面と一致する。『僧伽羅刹所集経』では、烏は飢えを、鳩は欲を、鹿は恐れを、蛇は怒りを嘆く。それを聞いた行者は動物たちに、生者には苦があることを説く。この彫刻は、庵の前で行者が四動物に教えを説いているところと解しておきたい。

熊はそう言って、苦行者のもとに行き、布薩をなす。

慢心をおさえようと布薩をなしていた苦行者は、四匹の動物に教えを説き、清らかな時間を共に過ごしたという。

鳩の肉

昔、ある山のほら穴で一人の苦行者が修行をしていた。近くのほら穴には多くの鳩が住んでおり、リーダーの鳩（釈尊の前生）は仲間を引き連れて、ときどき苦行者のところに出かけては、教えを聞いていた。価値のある話を聞くのは、胸が洗われる気分だ。リーダー鳩は、苦行者の話にいつも熱心に耳を傾けていた。残念なことに、徳の高い苦行者はそこを去って、別の苦行者がやって来た。鳩は新しく来た苦行者にも挨拶をし、生活はこれまでと変わることはなかった。

実はこの苦行者は詐欺師で、最初は誰もそのことに気付かなかった。

ある日のこと、村人たちが新しくほら穴に住みついた苦行者にご馳走をふるまった。苦行者はあまりの美味しさに驚いた。

「これは何の肉ですか」

村人は答えた。「鳩の肉です」

そこで、苦行者は考えた。自分のところには多くの鳩がやって来る。それらを殺して食べる

ローマカジャータカ

（マトゥラー出土、マトゥラー博物館、２世紀頃）

二段からなる石彫の下の部分が鳩と苦行者の物語ではないかと思われる。一番左、体の部分は欠けているが、鳩が顔だけをのぞかせているのがわかる。苦行者にエサをもらっているようにみえる。ジャータカ前半に語られる、鳩が苦行者の話を聞いている場面に相当しよう。その隣に、まるで買い物かごを両手に持つような格好の人物が表現されている。この人物が鳩の肉を食べようとした苦行者であるとすると、中央部の場面は、村人に食料をもらった悪い苦行者が、鳩の肉を思い浮かべながら、住処に帰っているところとみなせよう。右後方には、火が焚かれているが、料理用の火であろうか。火の前にある道具も料理に関係するものか。手前にある湾曲した道具は、こん棒であるかもしれない。上段には花綱をかつぐ人物が表現されているが、このモチーフはローマ美術に由来する。

ことができるではないか、と。

苦行者は米やミルク、それに香料を村人にもらってほら穴に戻った。そして、鳩がやって来るのを待った。衣の端にこん棒を隠して、鳩が来たらそれで殺すつもりだった。

賢い鳩が仲間の鳩と一緒に苦行者のもとにや

って来た。しかし、苦行者が何か悪いことを企んでいることを、すぐに見破った。

彼は宗教家の格好はしているが、詐欺師と変わらない。衣の中には何か武器を隠し持っているに違いない。

リーダー鳩は仲間に言った。

「彼は我々を殺して肉を食べたいのだ。近付いてはならない」

賢い鳩は仲間と一緒に飛び去った。

苦行者はこん棒を鳩に投げつけたが、当らなかった。

リーダー鳩は空中から苦行者に言った。

「もし、あなたがここに住むと言うのなら、村人に『彼は盗賊だ』と言って、あなたを捕まえてもらうぞ」

苦行者はそれを聞いて、直ちにその場を立ち去った。

食の施しを受ける僧侶（スリランカ）

仏教僧の生活文化を見るうえで、見過ごすことのできない事柄に「肉食」の問題がある。古代インドにおいては、条件付きながら出家者に対して肉食は許されていた。いまでも、南方上座部の仏教では、僧侶が肉を食べることは認めている。ところが、大乗経典の中に「肉食禁止」を説く経典が現れると、肉食を禁止する経典の伝わった地域では、僧侶に対して肉食を禁ずる方が主流となる。肉食の禁止を説く経典の中でも、『大乗涅槃経』の果たした役割は大きく、中国・朝鮮・日本の仏教の戒律に多大なる影響を及ぼした。

泥にまみれて

はるか昔、ディーパンカラ（燃燈）という仏が世に現れた。仏は弟子を引き連れ、ランマカというところで、ある寺院に立ち寄った。人々はディーパンカラ仏に布施する品を持って寺院へ行き、そこで仏より説法を聞いた。

感銘を受けた人々はディーパンカラ仏を招待しようと考え、町をきれいにすることにした。人々が仏の

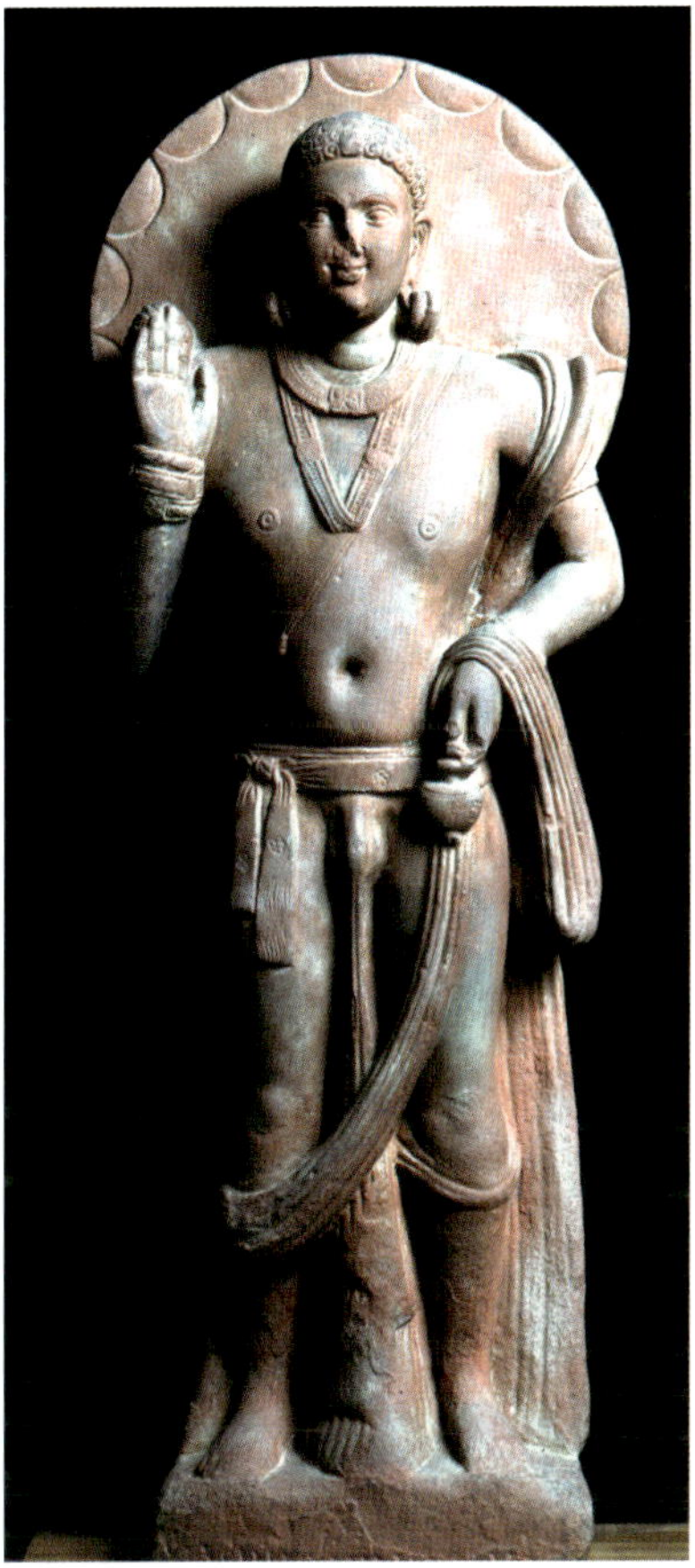

弥勒菩薩像

（アヒチャトラー出土　ニューデリー・インド国立博物館蔵　2世紀頃）

仏法の永遠なることを説くため、燃燈仏や過去七仏といったような過去仏が説かれはじめると、未来において正覚を得る尊格も想定されるようになり、弥勒が未来仏として登場してくる。クシャーン時代にガンダーラやマトゥラーで弥勒の造像が盛んとなり、菩薩の姿として造形化された。弥勒菩薩は水瓶を手にする姿で表現されており、写真の像はマトゥラー様式のもので、台座に「……弥勒の像が造られた。一切衆生の利益安楽のために」という銘文が記されている。

歩かれる道を清掃していると、スメーダという苦行者（釈尊の前生）が尋ねた。

「あなたがたは何のために道をきれいにしているのですか」

人々は答えた。

「ディーパンカラ仏がここを通られます。そのために道をきれいにしているのです」

スメーダは、いま近くにディーパンカラ仏が滞在していることを知り、驚いた。

仏にまみえることが実際にできるとは、なんと素晴らしいことだ。自分も道をきれいにしなければ。

人々はスメーダが神通力の持ち主であることを知っていたので、水浸しになっている場所をスメーダに割り当てた。

スメーダは喜んでひき受け、考えた。神通力で道をもとに戻したとしても、意を尽くしたことにならない。身体で奉仕しなければ、と彼は土を運んでは道の悪いところに投げ入れた。

まもなく、ディーパンカラ仏が人々を従え、姿を現した。光明を放つディーパンカラ仏を拝して、スメーダは、いまこそ生命を投げ出す時だ、と思った。

「どうか世尊が泥の中をお歩きになりませんように。私の背中を踏みつけてお進みください」

スメーダはそう心の中で呟くと、髪を解き、衣を泥水の上に敷いて、うつぶせになった。

うつぶせの状態でスメーダは決意した。

「私はディーパンカラ仏のように、さとりの境地に達して、多くの人々を教えの船に乗せて、輪廻の海

燃燈仏授記本生図

（ローリヤン・タンガイ出土　コルカタ・インド博物館蔵　２世紀頃）

過去世に青年修行者であった菩薩（釈尊の前生）に対し、燃燈仏が将来ブッダとなるであろうとの予言を授ける（授記）説話は多くの経典に語られており、いくつかのバリエーションがある。本文に示したのはパーリ語のジャータカで、ジャータカ冒頭のニダーナカター（因縁物語）に含まれている。青年修行僧の名をメーガとし、メーガが燃燈仏に散華する挿話を語る経典もある。燃燈仏授記の話は西北インドで発生したらしく、ガンダーラ及びその周辺では頻繁に図像化された。写真の向かって左側には蓮の花束を持つ娘から青年メーガが花を買うところ（本文にはこの話はない）、中央に大きく表現されているのが燃燈仏、仏の足元にひざまずき平伏しているのがメーガ（本文ではスメーダ）、すなわち将来の釈尊である。

から救い出そう」

決意をなしたスメーダをディーパンカラ仏は見つめた。そして、言った。

「彼は遠い未来にゴータマという名の仏となるであろう」

あとがき

ジャータカというのは昔話やおとぎ話といった印象で受けとめられやすいのですが、ジャータカが「利他の精神」を涵養したことは注目しておきたいと思います。とりわけガンダーラ文化圏では、鳩と鷹を助けたシヴィ王の話（本書41頁）などは現実にあった話として伝えられました。五世紀にガンダーラに入った法顕は、シヴィ王が自分の肉を切り刻もうとした場所が聖地になっていたことを報告しています（『法顕伝』）。菩薩（シヴィ王）が他者を救済するというジャータカの話は架空の物語ではなく、実際にあった話としてガンダーラ文化圏の仏教徒は語り伝えていたのです。

「燃燈仏授記物語」（本書139頁）も『法顕伝』や『大唐西域記』によれば、出来事が起こった場所が特定されており、ガンダーラ文化圏のナガラハーラ（現アフガニスタン東部のジェラーラーバード）で実際にあったこととして伝わっていました。

この「燃燈仏授記物語」は特にガンダーラ文化圏で愛好されました。一切衆生の救済を誓った菩薩（主人公の青年）が燃燈仏の前にあった泥水を見て、燃燈仏の足が汚れないようにと長い髪を泥水の上に布く行為、これこそが当地の人々に感銘を与えたものと考えられます。

一世紀半ばから三世紀にかけて盛んに造形化されたガンダーラの仏伝図では、トップシーンにこの布髪行為をする青年の姿を描く事例が極めて多いのです。他者のために、自分が泥にまみれることを厭わない人格が菩薩の理想とされたのでしょう。物語では、菩薩である青年が一切衆生の救済を目指す誓願を立て、髪を布く行為をした後に、燃燈仏が青年に対して、あなたは来世において仏となるのであろうと予言（授記）をします。

「誓願」と「授記」がセットで語られることは大いに注目すべきです。何故なら、大乗諸仏のありようと関連するからです。大乗仏教で語られる現在の諸仏は前世において、誓願を立て、師匠である仏から授記されます。その典型が阿弥陀仏で、阿弥陀仏は法蔵菩薩のとき、師仏である世自在王仏のもとで誓願を立て、世自在王仏から授記されるのです。法蔵菩薩の物語もジャータカの構造をふまえているということは知っておくべきでしょう。

さらにもう一つ。仏教を保護した為政者にとって、ジャータカで語られる菩薩がロールモデルとなっていた点にも注意を喚起しておきます。

七世紀、玄奘三蔵がバーミヤーンに入って、無遮大会という布施の祭りを見ています（『大唐西域記』巻一）。バーミヤーンの王は盛大な布施行為をしていますが、これは釈尊が前世において持てるものを全て布施したというヴェッサンタラ太子の布施行為の再現です（本書26頁）。他者を利する菩薩の行為を為政者である王が模倣する。これこそ、仏教隆盛の大きな要因となったはずです。
シルクロード各地の王が仏教を保護し、シルクロードで仏教が盛んとなったわけですが、かかる観点から仏教の流伝を見直すと、これまでとは違った構図が見えてくるかと思います。

本書を読んで、ひとりでも多くの方がジャータカに関心をもっていただければ、これにまさる喜びはありません。もっとジャータカについて詳しく知りたい方には、『ジャータカ全集』全一〇巻（春秋社）をお薦めいたします。

ここに紹介したジャータカの話はかつて『季刊　せいてん』に連載したものです。連載がスタートしたのは今から三〇年以上も前のことです。この連載は写真家の丸山勇先生の献身的な協力がなければあり得ませんでした。大学院生のときに、中村元編著『ブッダの世界』（学習研究社）に掲載された丸山先生の写真に目を奪われたのを昨日のように思い出します。丸山先生とご一緒に仕事ができることは、光栄の至りでした。私の無理な注文にいつも快く応じてくださった丸山先生には深く感謝の念をささげます。

ジャータカとジャータカ図の比較検討は大学で担当していた仏教文化学特殊講義やパーリ語講読でも行いました。学生諸君の向学心が大いに励みとなったものです。

『季刊　せいてん』の歴代の編集者のみなさんにも心よりお礼を申しあげます。浄土真宗の学習雑誌にジャータカを連載、それも古代インドの仏教芸術を中心にするという度量の広さに頭を垂れます。

辛抱強く出版を待って下さった本願寺出版社の方々には、ただただお詫びするしかありません。この上は多くの読者を獲得すべく尽力することで恩に報いたいと思います。

古代インドへの旅、本書で少しでも味わっていただければ幸いです。

二〇一八年九月

入澤　崇

本書は『季刊せいてん』№8（一九八九年）～№50（二〇〇〇年）の連載に、加筆・訂正したものです。

解説・入澤　崇（いりさわ　たかし）

龍谷大学学長、龍谷大学文学部教授、龍谷ミュージアム元館長、広島県善行寺住職

インドをはじめとしたアジア各地で遺跡の調査を行っており、二〇〇五年より龍谷大学アフガニスタン仏教遺跡学術調査隊の隊長を務める。

著書『仏教初伝南方之路文物図録』（共著／文物出版社　北京）、『釈尊と親鸞―インドから日本への軌跡』（共著／法藏館）『西域―流砂に響く仏教の調べ―』（共著／自照社出版）等

撮影・丸山　勇（まるやま　いさむ）

写真家。日本大学芸術学部写真学科卒業。一九七六〜一九七八年インドでの取材写真による写真展「釈尊の足跡をたどって」がニューデリーほかインド国内3都市で好評を博し、また同取材写真によってアメリカ・プロフェッショナル写真家協会賞を受賞。

著書『ブッダの旅』（岩波書店）『新編　ブッダの世界』『インド神話の謎』（学習研究社）、『禅の世界』（東京書籍）等。

ジャータカ物語

二〇一九年三月一日　第一刷発行
二〇一九年八月一日　第二刷発行

著者　入澤　崇
撮影　丸山　勇
発行　本願寺出版社
〒六〇〇-八五〇一
京都市下京区堀川通花屋町下ル
浄土真宗本願寺派（西本願寺）
電　話　〇七五-三七一-四一七一
ＦＡＸ　〇七五-三四一-七七五三
http://hongwanji-shuppan.com/

印刷　株式会社図書印刷同朋舎

定価はカバーに表示してあります。

不許複製・落丁乱丁はお取り替えします。

ISBN978-4-89416-178-8 C0015
BD03-SH2①80-91